Jornada da Transição para Produtos

Organização e curadoria
Antonio Muniz
Analia Irigoyen
Juarez Barreto Azevedo
Lúcia Stela Lopes
Poliana Peixoto
Rafael Ferreira Bittencourt

Jornada da Transição para Produtos

Somando conceitos e experiências para acelerar a sua evolução como Product Owner e Product Manager

BRASPORT

Rio de Janeiro
2024

Editor: Sergio Martins de Oliveira e Antonio Muniz
Gerente de Produção Editorial: Marina dos Anjos Martins de Oliveira
Editoração Eletrônica: Abreu's System
Capa: Victor Camacho
Arte final: Trama Criações

Dados Internacionais de Catalogação na Publicação (CIP)
(Câmara Brasileira do Livro, SP, Brasil)

Jornada da transição para produtos : somando conceitos e experiências para acelerar a sua evolução como product owner e product manager / organização e curadoria Antonio Muniz...[et al.]. – Rio de Janeiro : Brasport Livros e Multimídia, 2024.

Outros organizadores: Analia Irigoyen, Juarez Barreto Azevedo, Lúcia Stela, Poliana Peixoto, Rafael Ferreira Bittencourt.
Bibliografia
ISBN 978-65-6096-003-9

1. Carreira profissional – Desenvolvimento 2. Habilidades – Desenvolvimento 3. Produtos – Desenvolvimento 4. Tecnologia I. Muniz, Antonio. II. Irigoyen, Analia. III. Azevedo, Juarez Barreto. IV. Stela, Lúcia. V. Peixoto, Poliana. VI. Bittencourt, Rafael Ferreira.

24-188945 CDD-650.14

Índices para catálogo sistemático:

1. Carreira profissional : Administração 650.14

Eliane de Freitas Leite – Bibliotecária – CRB 8/8415

BRASPORT Livros e Multimídia Ltda.
Rua Washington Luís, 9, sobreloja – Centro
20230-900 Rio de Janeiro-RJ
Tel./Fax: (21)2568.1415
e-mails: marketing@brasport.com.br
vendas@brasport.com.br
editorial@brasport.com.br
www.brasport.com.br

Agradecimento aos patrocinadores do livro

Advisor 10X

Somos referência em práticas ágeis, *DevOps*, SRE e qualidade de software com serviços de consultoria, mentoria, palestras, cursos *on-line* e alocação de profissionais especializados Advisor Prime. Nossos clientes multiplicam resultados com o método exclusivo Advisor Fast, que valoriza o repertório das suas equipes e respeita o contexto de cada empresa.
www.advisor10x.com.br

ProMove Soluções

Com mais de 15 anos no mercado de tecnologia, ajudamos empresas a atingir a excelência nas entregas com equipes mais eficientes e colaborativas. Além de ampla experiência em metodologias ágeis, certificamos e implementamos os modelos CMMI, MPS e normas ISO, automatizamos processos com práticas *DevOps* e melhoramos processos com *Lean*, *Kanban* e *Scrum*.
www.promovesolucoes.com

Businessmap

Businessmap é a plataforma de software mais flexível para agilidade em escala com foco em resultados. Nossa solução consolida várias ferramentas em uma, possibilitando uma implementação orgânica em grande escala, visibilidade de todos os projetos/portfólios e alinhamento a objetivos, para entregar trabalho de qualidade mais rapidamente. Aliado às nossas trilhas de capacitação e consultoria, entregamos uma solução personalizada com ROI excepcional.
https://businessmap.io

Dynatrace

A Dynatrace combina observabilidade *full-stack* e segurança de *apps* em tempo de execução contínua com *AIOps* avançada para entregar respostas e automação inteligente a partir de dados.
https://www.dynatrace.com/

JBQ.Global

Somos referência em serviços especializados em tecnologia, com foco em *outsourcing*, *Squads as a Service*, integrações e desenvolvimento de aplicativos e portais corporativos. Com presença no Brasil e no México, atende a toda a América Latina, mantendo parcerias globais com Oracle, SAP e Microsoft. Responsável pelas marcas: Jotta, especializada em CX para *e-commerce* e *marketplace*; Anggle, fábrica de testes manuais e automatizados; e Adaga, fábrica de design (UX/UI). Nossa expertise é comprovada por grandes casos de sucesso junto a líderes de mercado.
https://jbq.global/pt/home-br/

Sobre a Jornada Colaborativa

Juntos somos mais inteligentes e transformamos mais vidas!

Era uma vez um professor universitário que sonhava lançar um livro quando finalizou o mestrado em 2007.

Depois de algumas ideias para publicação em temas como certificação Microsoft, gestão de projetos e gestão de serviços, o sonho começou a ser concretizado em 2017 com o livro "Jornada DevOps", mas alguns obstáculos travaram sua evolução após a definição da estrutura final para a certificação oficial EXIN e a escrita de três capítulos.

Em setembro de 2018, durante uma palestra na PUC Minas, surgiu um *click*: "Será que outras pessoas apaixonadas por *DevOps* ajudariam com a escrita colaborativa?". Dezenas de pessoas aceitaram o convite e o livro foi lançado para 350 pessoas no dia 06 de junho de 2019 no Centro de Convenções SulAmérica no Rio de Janeiro, após um intenso trabalho coordenado com pessoas de várias cidades que nunca haviam trabalhado juntas antes.

Após essa experiência bem-sucedida com muitos aprendizados, a escalada dos times gerou grandes amizades, novas iniciativas e doação de R$ 523 mil para instituições com o lançamento de 37 livros com empresas amigas como Globo, Lojas Renner, Banco PAN e Banco Carrefour.

Sonhamos transformar mais vidas com a inteligência coletiva. Entre em contato para participar da nossa Jornada...

<https://www.jornadacolaborativa.com.br/>
<https://www.linkedin.com/company/jornadacolaborativa/>
<contato@jornadacolaborativa.com.br>

Prefácio

Oi! Tudo bem com você?

A área de gestão de produtos vive um momento difícil quando o assunto é migração ou recolocação. Nos últimos anos foi um setor que teve um grande crescimento, muito influenciado pelo contexto de grandes investimentos em *startups*, o avanço da pandemia de COVID-19, mas principalmente pela comercialização de uma área que tem altos salários, alta influência nas empresas, glamour etc.

Não é errado falar que ela virou o "sonho americano" das pessoas de outras áreas.

Isso teve seus efeitos e, como mencionei, fez com que o setor crescesse em procura. Mas também fez com que a ansiedade, a frustração e a saúde mental do "produteiro" e de quem enxerga na área uma oportunidade de crescimento profissional e financeiro piorassem.

Mas o que isso tem a ver com este livro? TUDO!

Se quando eu comecei a minha carreira no universo de produto existisse um livro assim, com certeza eu teria tido uma jornada mais tranquila e segura até aqui.

Você que adquiriu este livro provavelmente está em um ponto crucial da carreira. Talvez tenha se identificado com algo que eu falei ali no começo e esteja procurando uma resposta, um caminho, uma orientação, ou esteja buscando algo mais.

Este livro foi escrito com você em mente: a pessoa iniciante, a curiosa, a inquieta profissionalmente, que está querendo fazer a transição para a área de gestão de produtos digitais e se sente perdida.

Embora eu acredite que a jornada de cada um seja única, este livro pretende fornecer um guia de como sobreviver ao processo, muitas das vezes doloroso, de transição de carreira.

Este livro traz aquilo que nenhum outro tem: ferramentas, dicas práticas e orientações para que a sua jornada de migração para a área de gestão de produtos digitais seja a menos turbulenta possível.

Ah, se eu tivesse lido este livro há nove anos...

Então, se jogue na leitura e coloque em prática na sua vida profissional as dicas e orientações valiosas encontradas aqui.

Paulo Chiodi
Criador e fundador da Product Guru's

Prefácio

Ao receber o convite para escrever este prefácio, a alegria inicial deu lugar à preocupação de criar algo que realmente agregasse valor ao leitor. No entanto, este desafio se revelou um pouco menos intimidador quando lembrei que poderia tratar este texto como um produto, aplicando as técnicas de gestão de produtos (como as descritas no capítulo 8 – "A estratégia por trás de todo produto" e ao longo de todo o livro) para assegurar seu sucesso.

Assim, ao aplicar essas práticas e ferramentas, busquei criar um meta-prefácio, aplicando as práticas descritas no livro para escrever seu próprio prefácio e tentando garantir que cada palavra escrita aqui não apenas ressoasse com os leitores, mas também refletisse os valores e *insights* fundamentais apresentados ao longo do livro.

Com isso, posso afirmar que este livro não é apenas uma compilação de conselhos; é um mapa estratégico, um guia para navegar pelas águas muitas vezes turbulentas da transição de carreira. Como Jim Collins destaca em "Good to Great", a excelência não é um ato, mas um hábito. E é com esse espírito que abordamos "Jornada da Transição para Produtos".

A Parte I inicia com uma reflexão crucial sobre a prontidão para a mudança, um despertar da consciência essencial para qualquer grande jornada. Ela aborda desde a superação da "síndrome do impostor" até a adaptação de profissionais de áreas não tecnológicas, examinando cada aspecto com rigor analítico e sensibilidade.

Nas partes II e III, o livro mergulha no universo dos produtos e da estratégia. Cada carreira é vista como um produto em evolução, regido pelas mesmas leis de mercado e inovação que regem qualquer oferta comercial.

O planejamento da transição, discutido detalhadamente nas partes III e IV, constitui o cerne do livro. Cada estratégia e ferramenta é analisada não apenas por sua funcionalidade, mas também pela sua eficácia prática. A importância de construir uma marca pessoal e de se posicionar estrategicamente no mercado é enfatizada, refletindo uma habilidade crítica em qualquer transição de carreira.

As partes V e VI apresentam tópicos que ilustram a jornada contínua de aprendizado e adaptação. Cada tópico ressalta que, assim como as empresas evoluem para a excelência, os profissionais também podem e devem fazer o mesmo em suas carreiras.

Em suma, "Jornada da Transição para Produtos" é mais do que um livro; é um companheiro inestimável para aqueles que buscam uma transformação em suas carreiras. É uma fusão da visão estratégica com uma abordagem pragmática, oferecendo um guia essencial para a evolução como profissional de produto e gestão.

André Gomes
Enterprise Agile Coach

Apresentação da Jornada da Transição para Produtos

Em minha atuação como *advisor* de agilidade e tecnologia, tenho uma grande interação com executivos, empresários e conselheiros cada vez mais interessados na cultura de produto em empresas de variadas indústrias do mercado. Um sinal que reforça a necessidade de mudança da cultura tradicional para a cultura de produto foi a marca de 100 milhões de usuários do ChatGPT em apenas dois meses: já imaginou quantos produtos foram impactados para o bem ou para o mal em tão pouco tempo e nem estavam no tradicional plano estratégico das empresas? Além disso, o investimento anual previsto para inteligência artificial (IA) passou de US$ 40 bilhões para US$ 1,3 trilhão após a popularização do ChatGPT no início de 2023, conforme destacado no livro "Antifrágil 10X" (2023), onde apresento 48 estudos sobre a união de tecnologia e habilidades humanas para multiplicar resultados (também publicado pela Brasport).

A carreira de produto envolve uma atualização constante das práticas que surgem para melhorar a experiência do cliente, pois nada é mais importante do que a visão ponta a ponta de todo o time envolvido nas entregas, independentemente de o profissional atuar como *Product Owner, Product Manager* ou uma nova função que seja criada na sua empresa. Um bom exemplo dessa necessidade contínua de atualização ocorreu no Nubank, que criou a área de *Product Ops* em 2022, visando reforçar a interseção dos temas de produto, engenharia e sucesso do cliente (REDAÇÃO NUBANK, 2022; PENDO, s.d.)

Por falar em visão ponta a ponta, lembro muito bem quando fiz a transição da área de governança de TI para agilidade e observei uma enorme lacuna em muitas empresas entre a área de desenvolvimento (com foco em inovação) e a área de operações (com foco em estabilidade). A resposta para endereçar esse sério problema é a adoção das práticas *DevOps* – e esse foi tema do nosso primeiro *best-seller* que lançamos em 2019 e que abriu caminho para os grandes resultados da Jornada Colaborativa.

A história do livro "Jornada da Transição para Produtos" começou em novembro de 2021, durante a mentoria do meu programa de liderança com protagonistas das áreas de agilidade e tecnologia. Com o objetivo de acelerar os resultados de cada participante, gosto de conhecer a trajetória de cada mentoreado e fiquei bastante animado com o forte engajamento do Juarez Barreto e sua rápida evolução durante o programa. Com a experiência do livro "Jornada da Transição para Agilidade", surgiu um *click* em minha mente: "e se tivesse um livro com um passo a passo para as pessoas migrarem para a área de produto?" O Juarez aceitou de imediato o convite para liderar essa nova jornada...

Após os aprendizados nos primeiros livros, estamos escolhendo os participantes do time organizador com critérios mais objetivos, pois o sucesso da escrita colaborativa depende de pessoas super engajadas e com forte inteligência emocional para se relacionar com os coautores e evitar conflitos desnecessários. A grande confiança que tenho na liderança do Juarez me deixou supertranquilo para iniciar essa nova série da Jornada Colaborativa ao lado do Rafael Bittencourt e Analia Irigoyen. Completando a curadoria, tivemos o reforço da Lúcia Stela e Poliana Peixoto.

A escolha das pessoas para o time de coautores com experiências diversificadas foi uma surpresa positiva. Tivemos uma rápida adesão de pessoas amigas da Jornada Colaborativa e outras feras do mercado.

Parabéns ao time de autores e curadores pela concretização deste novo sonho colaborativo!

Antonio Muniz
Fundador da Jornada Colaborativa e CEO Advisor10X

Concepção e ideação deste livro

Tudo começou com conversas do Muniz com voluntários que trouxeram uma necessidade do mercado: faltava um livro para ajudar as pessoas na transição de carreira.

Diante do desafio, e tendo em mente que precisávamos responder de forma efetiva às dores das pessoas, buscamos fazer diferente. Decidimos promover uma sessão de *design thinking on-line* aberta a todos que pudessem contribuir com tópicos relevantes, dores e dúvidas a respeito do assunto. A partir do material construído colaborativamente, nasceu a estrutura do livro e seus capítulos.

Desde os primeiros passos deste livro seguimos conceitos e práticas de gestão de produtos, desde a fase de ideação, coleta de dores, definição de nossa métrica de sucesso principal, entre outras ferramentas, e foi incrível ver os resultados alcançados.

Em nome de toda a equipe de curadoria e organização deste livro, agradecemos imensamente a participação especial de cada um dos voluntários que nos apoiaram na coleta das dores. A essência do livro foi dada por vocês!

André Alves de Lima Bueno
Annelise Gripp
Anya Gomes Claudino Sales
Bento Francisco dos Santos Júnior
Bianca Balbino Amorim
Bruno Noronha
Carla Ezaki
Carlos Eduardo Carvalho
Carlos Eduardo do Nascimento
Clayton Soares Sena
Daiany Stephany Corrêa
Daniela De Vincenti

Danielle Luiza Reis Daro Leal
Daniélle Pombal
Denyze Santos
Fabiana Carolina Leite
Francisco Medeiros
Gabriel Eslava Goulart Lopes
Gabriela Batista Castro
Geovana Leal Gouvea
Gessiléia de Melo Cyntrão
Gustavo Rodrigues da Silva
Ibson Cabral da Costa Rego
Ícaro Barboza
Jalber Pessoa Figueiredo
Jordy Zaikoski Gularte
Josineide Vasconcelos da Silva do Nascimento
Laís Castagna Vieira
Livia Lopes de Souza da Fonseca
Luciano Pinna
Lucilia Rego
Manuela Vinhas
Márcia Maximiano
Margareth Fabiola dos Santos Carneiro
Matheus Vasconcellos
Natália Soares
Patrícia Rodrigues de Souza
Priscila Vieira Ferrare
Priscilla Couto
Renata Matos Machado
Ricardo de Jesus Soares
Roberta Kühleis
Sabrina Nader Donato de Moraes
Susana Vieira Farias
Talita Bitencourt do Livramento
Thais Lara Gonçalves de Resende
Vanêssa Santana
Victoria Knust dos Santos
Wesllen Pereira Soares
William Guimarães

Sumário

PARTE I.
REFLEXÃO: ESTOU PRONTO PARA FAZER UMA TRANSIÇÃO DE CARREIRA?

PARTE II.
A ÁREA DE PRODUTO E O MERCADO

PARTE III.
COMO DEVO PLANEJAR E ACOMPANHAR A MINHA TRANSIÇÃO? (FERRAMENTAS E DICAS)

PARTE IV.
DICAS VALIOSAS PARA A SUA TRANSIÇÃO E PARA AS PRIMEIRAS ENTREVISTAS

PARTE V.
CONCLUSÕES FINAIS

PARTE VI.
CASES E *PODCASTS*

PARTE I.
REFLEXÃO: ESTOU PRONTO PARA FAZER UMA TRANSIÇÃO DE CARREIRA?

O grande valor agregado desta parte é a conscientização e o entendimento da prontidão para a transição de uma carreira, ou seja, estou preparado e este é o momento certo na minha vida para uma transição? Vale a pena?

1. Despertar da consciência e a prontidão para o futuro

Carlos Eduardo Carvalho

Um olhar sobre o trabalho: passado e futuro

A sociedade vem passando por transformações em larga escala. O avanço da tecnologia permite que tenhamos, a cada curto espaço de tempo, uma série de alterações do nosso padrão de vida. Esse mesmo avanço desconfigura o que conhecemos como mercado de trabalho, nos trazendo dificuldade de projetar como serão os próximos cinco anos quando pensamos no emprego, nas tarefas humanas e no papel da tecnologia.

O advento da inteligência artificial (IA), somado ao massivo uso de automação nas organizações, abre a dúvida: será que minha função ainda será necessária? O problema é que se torna cada vez mais complexo responder a esse questionamento.

Em 2018 a Organização para a Cooperação e Desenvolvimento Econômico (OCDE) desenvolveu um projeto de pesquisa para avaliar 32 países e suas características do mercado de trabalho (NEDELKOSKA; QUINTINI, 2018). O estudo analisou os diferentes tipos de emprego desses países e a probabilidade de serem impactados pelo avanço da automação inteligente. Os impactos foram classificados em escalas:

- ✓ **14% dos empregos** serão altamente impactados pela automação inteligente. Isso significa que, no mínimo, 70% das funções desses empregos serão transferidas para operação automatizada. Nesta categoria encontram-se cerca de 66 milhões de pessoas, no grupo de países estudados.
- ✓ **32% dos empregos** terão um impacto médio/alto. Isso significa que o impacto será em cerca de 50% a 70% das funções desses empregos. Nesta categoria encontram-se cerca de 150 milhões de pessoas.

Considerando os dados citados, para os países que fizeram parte do estudo, cerca de 216 milhões de pessoas terão seus trabalhos impactados de um jeito que irá, possivelmente, colocar em xeque a permanência em seus empregos.

Sempre que esses dados são apresentados ou discutidos em fóruns que abordam o futuro do emprego, naturalmente surge o contraponto: ao mesmo tempo que esses empregos estão ameaçados em termos de continuidade, novos ofícios serão criados para viabilizar o advento das novas tecnologias, desde pesquisa, desenvolvimento, produção, distribuição, implantação e suporte.

O argumento é válido: quando analisamos a história da evolução do trabalho, novas tecnologias geraram novas funções que substituíram as funções antigas.

Um exemplo simples para ilustrar: profissionais que trabalhavam nas ruas da Inglaterra no século XIX por anos fazendo a manutenção do sistema público de iluminação antes do advento da energia elétrica. Seus ofícios envolviam práticas para garantir suprimento de óleo e substâncias necessárias; rotinas diárias de acendimento dos milhares de postos de iluminação pública, um a um, com tochas e similares; atividades de recolhimento e limpeza do lixo produzido; etc. O nascimento da matriz tecnológica que viabilizou a energia elétrica como fonte de iluminação pública rapidamente colocou esses empregos em risco. A história nos conta que em poucas décadas toda a cadeia de trabalho envolvendo iluminação a óleo foi praticamente extinta das ruas da Inglaterra.

Agora, será que podemos afirmar que esses profissionais foram incorporados na cadeia produtiva da energia elétrica? Se sim, qual o percentual? Não dispomos hoje de dados precisos que respondam a essa pergunta, porém podemos fazer algumas suposições.

- ✓ De um conjunto de 100 profissionais que trabalhavam com a iluminação pública na matriz tecnológica antiga, quantos tinham as competências para migrar em curto espaço de tempo para a cadeia de pesquisa e desenvolvimento de energia elétrica? Muito poucos.
- ✓ Desse mesmo conjunto, quantos puderam ser transferidos para as fábricas, indústrias e usinas? Um número talvez um pouco maior, porém ainda pequeno.
- ✓ Por fim, quantos poderiam ser aproveitados para a cadeia de serviços que emergiu com o advento da energia elétrica? Talvez um número maior do que os dois anteriores.

Por trás de toda a exemplificação há um conceito-chave para ser entendido: a **prontidão** para transição de carreira dada uma **mudança no paradigma tecnológico.** Por paradigma tecnológico não me refiro a mudanças contínuas e incrementais das tecnologias que impactam nosso trabalho, mas de mudanças abruptas no padrão de trabalho, causadas, em geral, em eras de revolução industrial.

Voltando ao estudo da OCDE, após analisar os empregos impactados pela automação, o estudo avaliou a **prontidão** dos profissionais para migrarem para os trabalhos que nascem na atual era digital. O resultado traz alertas importantes tanto para as esferas públicas quanto para as organizações e para o planejamento individual de cada trabalhador.

Se as tecnologias de automação inteligente irão impactar no nível médio e alto cerca de 216 milhões de pessoas nos países avaliados, e 60% dessa força de trabalho não possui habilidades relacionadas às tecnologias digitais, o que acontecerá com essas pessoas?

Em um exercício de futurologia, parte dessas pessoas precisará migrar para outros tipos de empregos, informais, enquanto outra parte dependerá de políticas públicas de proteção social. O cenário que se projeta é complexo e, por isso, envolve discussões entre nações e entidades especializadas para ampliar o debate.

Para aumentar a complexidade dessa era de transição que estamos vivendo, torna-se necessário aprofundar o debate acerca do advento das IAs generativas. O paradigma de tecnologia vigente há cinco anos nos trazia o uso massivo de automação inteligente impactando fábricas e escritórios, tornando as tarefas repetitivas obsoletas e facilmente substituíveis por robôs. Agora, com esse novo marco tecnológico, várias tarefas criativas vêm sendo impactadas por tecnologias como ChatGPT, DALL-E, CoPilot, dentre outras.

Não apenas as funções laborais repetitivas viraram alvo de uma possível substituição em massa, mas agora carreiras criativas, como criadores de conteúdo digital, revisores, tradutores, analistas paralegais, designers gráficos etc., sentem a sombra tecnológica bater às suas portas. Será o ChatGPT capaz de substituir um escritor de livros infantis? Será o DALL-E capaz de substituir designers? E o CoPilot? Será capaz de substituir desenvolvedores?

Conforme a inteligência artificial e a automação continuam a se desenvolver, muitos empregos que atualmente são desempenhados por humanos poderiam ser executados por máquinas.

Essa é a reflexão final que convido todos a manterem em seus futuros próximos. Por mais desconfortável que seja para nós o fato de podermos nos tornar inúteis por não dominarmos determinadas tecnologias ou conhecimentos, estamos na virada de uma era. Agora é o momento de avaliarmos nossa carreira exercida até aqui e tudo que aprendemos.

Se eu recuar e entender isso como uma ameaça e quiser lutar contra, posso estar tomando um caminho perigoso para a continuidade da minha atuação profissional. Porém, se abraçar a mudança e me planejar para a transição, posso usufruir das tecnologias como ferramentas que irão apoiar o meu crescimento e a minha transição.

Como eu posso avaliar o futuro da minha carreira frente às mudanças da sociedade?

Convidamos você a fazer uma breve avaliação sobre o seu momento. Ddaremos algumas dicas sobre como planejar a transição.

Para respondermos a essas questões, abordaremos a **prontidão digital para a transição**, mas, antes disso, apresentaremos a tabela a seguir com três situações que serão afetadas pelos avanços tecnológicos, para que você comece a desenvolver o seu plano de transição.

Tabela 1.1. Prontidão digital para a transição.
Fonte: o autor.

Características do emprego	Impacto	Tecnologia
Realização de atividades repetitivas utilizando telas de sistemas da informação, e-mail, planilhas e similares para inserção e tratamento de dados.	Alto	RPA (*Robotic Process Automation*), IPA (*Intelligent Process Automation*) e similares.
Relacionamento com cliente em terminais de telefonia ou *chat on-line*. Modelo *call center* ou SAC (serviço de atendimento ao consumidor).	Alto	*Chatbots* inteligentes, tecnologias conversacionais, linguagem natural e outras.
Leitura de grande quantidade de textos para identificação de informações, padrões ou tendências. Profissionais de apoio legal, médico, de pesquisa acadêmica ou similares.	Alto	Tecnologias de hiperautomação que combinem OCR (*Optical Character Recognition*) com automação inteligente.

Caso tenha interesse em conhecer outras tecnologias para acelerar a transformação digital, leia o livro "**Jornada RPA e Hiperautomação**" da Jornada Colaborativa (MUNIZ *et al.*, 2022).

Agora, como você já despertou a sua consciência, falaremos sobre a **prontidão digital para a transição.**

Abordaremos algumas das competências necessárias para os novos empregos da era digital, que se aplicam diretamente à trilha do profissional de produtos. Podemos entender a **prontidão digital** como o grau de conhecimento de uma pessoa nos temas importantes para o trabalho na era digital, que envolvem conhecimentos metodológicos, comportamentos e atitudes. Para avaliar a sua prontidão digital, recomendo inicialmente que faça uma análise sobre o quanto você conhece ou vive desses temas atualmente:

✓ Lógica
✓ Agilidade
✓ Experiência do usuário
✓ Análise de dados
✓ Resolução de problemas
✓ Colaboração

Caso você não venha de uma carreira técnica e esteja na transição para a área de produtos, passaremos agora por algumas explicações sobre como os temas citados serão demandados na sua jornada.

✓ **A <u>lógica</u> como guia mestre:** desenvolver o raciocínio lógico é algo que pode ser feito por meio de exercícios específicos e cursos disponíveis. Ter um bom raciocínio lógico ajudará na comunicação com o time.

✓ **A <u>agilidade</u> como método padrão de trabalho:** entrar hoje no mercado de produtos digitais significa, quase que automaticamente, que você deverá trabalhar em ambientes em que os métodos ágeis regem a rotina. Quanto antes você se capacitar, melhor será a sua adaptação.

✓ **A <u>experiência do usuário</u> (UX) como melhoria contínua:** os produtos digitais devem não apenas atender às necessidades funcionais dos usuários, mas também proporcionar a melhor experiência possível. Você terá maior aceitação das entregas.

✓ **A <u>análise de dados</u> como competência central:** hoje em dia poucas são as empresas que não estão se desenvolvendo para se tornarem organizações orientadas a dados. Trazer cada vez mais a análise de dados para o processo de tomada de decisão é fundamental para competir em mercados tão voláteis e dinâmicos.

✓ **A <u>resolução de problemas</u> como um diferencial competitivo individual:** por mais que não seja uma capacidade digital, a resolução de problemas é cada vez mais valorizada no ambiente de trabalho, haja vista que o mundo digital é dotado de alta complexidade e demanda visão sistêmica e capacidade de análise. Conforme a entrevista publicada no jornal *O Globo* com Roberto Picino (UNIVERSIDADE VEIGA DE ALMEIDA, 2023), profissionais que têm perfil de análise e resolução de problemas complexos destacam-se e tornam-se cobiçados pelos empregadores.

✓ **A colaboração como a regra do jogo:** quando olhamos organizações de referência em produtos digitais, normalmente temos uma cultura de colaboração. Diante disso, pratique uma liderança servidora e incentive o ambiente colaborativo.

Essas variáveis não somam a totalidade de competências e conhecimentos que você precisará ter para ingressar ou evoluir em uma carreira de produtos digitais. Porém, serve como base para definirmos um perfil ideal que as empresas procuram e valorizam. Dependendo do tipo específico da vaga que você esteja buscando, algumas dessas competências podem ter maior ou menor relevância.

Agora você já sabe o que precisa fazer para atingir a **prontidão digital ideal**.

2. A transição de carreira está alinhada ao meu propósito de vida?

Maysa Barreto Ornelas

Quando surge o desejo ou a necessidade de realizar transição de carreira, a primeira coisa a se pensar é se há alinhamento com o propósito de vida.

Mas, afinal, o que é propósito de vida?

Você já parou para pensar o que é propósito de vida?

Para Marques (2018), o propósito é o porquê fazemos algo; é a intenção positiva ao agir. Está presente naquilo que você ama fazer e que, quando faz, o leva a entrar em *flow*.

A partir desses conceitos, podemos afirmar que propósito é uma declaração mental positiva que nos ajuda a entender e dar sentido à vida. É o motivo para existirmos. É o que permanece quando nada mais faz sentido. É único, pessoal e intransferível.

Em resumo, o propósito é uma bússola eficaz para nortear as escolhas em diversas áreas da vida. Quanto mais cedo conseguir identificá-lo, defini-lo e compreendê-lo, mais leve e proveitosa será a sua jornada.

Para que serve o propósito de vida

Poderíamos enumerar diversas razões pelas quais você deveria ter um propósito de vida, mas vamos focar em duas que são fundamentais:

1. **Poder fazer escolhas mais objetivas:** o propósito é o guia maior, a inspiração; ao mesmo tempo, é o sentido e o objetivo final.

2. **Ter um propósito é parte da felicidade:** de acordo com Seligman (2011), um dos criadores da psicologia positiva, são cinco os elementos da felicidade autêntica:

   a) **Emoções positivas:** pedra angular da teoria do bem-estar.
   b) **Realização ou sucesso:** concretização de fatos relevantes.
   c) **Relações positivas:** relacionamentos interpessoais.
   d) **Engajamento ou entrega:** viver o momento presente.
   e) **Propósito ou sentido:** sentimento de grandeza diante do que você faz.

Como identificar o propósito de vida

Não há uma receita, mas algumas formas de proceder podem facilitar essa definição. Trouxemos três caminhos para sua aproximação do propósito. Eles podem ser utilizados em separado ou combinados.

Primeiramente, responda às seguintes questões, com base no que diz a sua consciência:

1. **O que você gosta de fazer (e faz bem) desde criança, sem ninguém ter lhe ensinado?**
2. **Sobre o que você gosta de ler, pesquisar e estudar? Qual assunto toca sua alma e sobre o qual você conversaria por horas a fio?**
3. **O que você faria o dia inteiro, por uma semana, sem descanso, com facilidade e prazer, e ainda sem se queixar?**
4. **O que você faria como se estivesse em uma festa?**
5. **O que você faria como se fosse a missão mais importante da sua vida?**

Outra forma de conhecer o seu propósito é pelo método da eliminação. Por exemplo: identifique o que não gosta de fazer ou sobre quais áreas do conhecimento não gosta de ler ou estudar. Vá lapidando pelo viés do "não" até encontrar o "sim" que faça seu coração bater mais forte!

Uma última forma sugerida é modelagem, ou seja, a observação do modo de ser e agir de pessoas que você admire. Reflita: "por quem tenho profunda admiração e como essa pessoa age no mundo?". O que ela faz que encontra ressonância em meu modo de pensar, sentir e agir? Siga esse rastro e terá andado bons passos em direção ao seu propósito.

Registre a seguir o que você identifica como sendo o seu propósito de vida. E tudo bem se você ainda não o identificou ou quiser alterá-lo em outro momento da vida, desde que faça sentido para você.

Parabéns! A aproximação com seu propósito lhe trará inúmeros benefícios ao longo da vida.

Como realizar seu propósito de vida

O propósito é o seu norte. Para realizá-lo no dia a dia, porém, é desejável criar pelo menos uma meta para cada área da vida:

1. **Pessoal:** saúde integral, desenvolvimento intelectual e equilíbrio emocional.
2. **Profissional:** realização, recursos financeiros e contribuição social.
3. **Relacionamentos:** família, desenvolvimento amoroso e vida social.
4. **Qualidade de vida:** criatividade, *hobbies* e diversão.
5. **Espiritual:** espiritualidade, felicidade e plenitude.

Por exemplo: se o propósito for "contribuir para a melhoria da qualidade de vida das pessoas", a meta profissional poderia ser: "contribuir para o desenvolvimento da criatividade de X pessoas por ano até o ano XX". Na área pessoal, por sua vez, seria algo assim: "dedicar tempo semanal de pelo menos três horas para cultivar meu *hobby* preferido".

O convite agora é para que você eleja pelo menos uma meta para cada área da vida.

Área de vida	Meta
Pessoal	
Profissional	
Relacionamentos	
Qualidade de vida	
Espiritual	
Outra área	

De posse dessas metas, volte a elas periodicamente, ajustando-as ao seu contexto de vida.

A transição de carreira

O trabalho é parte da vida da maioria das pessoas, em todos os lugares do mundo e ao longo da história. Ao identificar seu propósito, você poderá, sabiamente, utilizá-lo para reconhecer suas aptidões profissionais, além de otimizar competências e habilidades já desenvolvidas. Como assim?

Bem, é muito comum que as pessoas comecem a trabalhar sem saber o que gostam ou o que são capazes de executar no campo profissional. Há vários fatores que impedem ou dificultam esse início.

Se você tem um propósito, sua vida passa a ter um sentido mais amplo, levando ao trabalho o devido lugar de meio, e não de fim. Por isso, você pode escolher dar ao trabalho a justa função que ele tem, além da subsistência: ajudá-lo a ser feliz. É aí que entra um movimento muito comum nos dias de hoje: a transição de carreira.

Certamente você já sabe o significado geral do termo transição. Entende que ele significa passagem de alguém, de um grupo ou de uma instituição – de um ponto a outro, do conhecido ao inovador, do lado A para o lado B (ou C). Esse processo engloba, geralmente, mudanças visíveis – ou externas – e mudanças invisíveis – ou internas. No mundo do trabalho, um dos tipos de transição visível é a transição de carreira ou transição profissional.

E o que é carreira, em sentido amplo? Carreira é a forma como você exerce sua profissão. Sua estrutura é dinâmica e pode variar de acordo com diversos aspectos: objetivos, valores, propósito, missão e visão. Você pode ter uma carreira tradicional, inovadora, acadêmica ou empreendedora, entre outras tantas vertentes.

Juntando as duas partes, temos a transição de carreira, que é quando uma pessoa passa de uma área de atuação para outra, podendo ser impulsionada por insatisfação, desalinhamento com o propósito ou desejo de desenvolver novas habilidades.

Há três tipos principais de transição de carreira: transição de uma empresa para outra, transição de área de atuação dentro da mesma profissão ou empresa e transição de carreira ou profissão propriamente dita. Entender qual tipo de transição você deseja fazer o ajudará a dar passos mais firmes em direção a ela.

Propósito de vida x missão x transição de carreira

De acordo com pesquisa realizada pela Glassdoor[1] (EQUIPE DO GLASSDOOR, 2019) com usuários da plataforma, para 29,6% dos brasileiros o senso de propósito é o principal motivo da troca de emprego. Isso significa que, para uma parcela significativa dos seus usuários brasileiros, ter um propósito está acima de outros fatores na hora de mudar de carreira. O segundo motivo é a pouca oportunidade de crescimento (28,9%) e o terceiro, a remuneração abaixo do desejado (24,6%).

O propósito de vida e o senso de propósito estão interligados, mas não são sinônimos. O senso de propósito ou missão é o entendimento do impacto de como a sua entrega se encaixa em um contexto maior. Está relacionado ao trabalho e colabora para que você se motive diariamente. Pode levá-lo ao desejo de mudar de carreira, se você se sentir desconectado dele.

Escreva, a seguir, o seu senso de propósito ou missão. Ele é pessoal e relacionado diretamente ao campo do trabalho. Vamos lá?

---

[1] Plataforma que tem por objetivo ajudar pessoas em busca de empregos em empresas com as quais se identifiquem.

Ao identificar sua missão ou senso de propósito, você perceberá que fica muito mais fácil fazer a transição de uma carreira para outra.

O que fazer diante da transição?

Você é daqueles que sabe o que não quer fazer profissionalmente, mas não como mudar e fazer algo diferente? Se a resposta for 'sim', veja a seguir algumas dicas que podem facilitar a sua vida diante da transição de carreira.

1. Dedique tempo para refletir sobre seus interesses, paixões e valores pessoais. Conhecer-se é fundamental para identificar seu propósito de vida e orientar sua transição de carreira.
2. Pesquise e analise o mercado de trabalho para identificar áreas de atuação que estejam alinhadas ao seu propósito e interesse. Pesquise sobre as demandas, tendências e oportunidades nessas áreas. Considere ainda as áreas profissionais em ascensão e identifique as características comuns entre elas.
3. Desapegue de coisas que não servem mais para você: lugares, pessoas, sentimentos, crenças, pensamentos e, por fim, atividades laborais.
4. Saiba gerir sua carreira independentemente das empresas em que trabalhe. Se você tiver o propósito como guia, seus princípios e preferências serão os mesmos em qualquer lugar; o que muda são as atribuições e as competências requeridas.
5. Alinhe suas bandeiras: talento, missão, propósito, visão e legado. Isso tornará sua jornada pessoal e profissional mais leve, coerente e feliz, trazendo-lhe resultados e reconhecimento.

Agora é a sua vez!

Considerações finais

Se você pensa em mudar de carreira, saiba que essa jornada é única e tão gratificante quanto complexa. Assim, avalie se você realmente deseja fazer essa transição olhando para ganhos e perdas em relação a princípios e valores e, ainda, à realização profissional.

Se esse for realmente o seu caminho, mantenha-se comprometido. Seja proativo e resiliente diante dos desafios e esteja disposto a ajustar seu plano, caso necessário. Seja responsável, cauteloso e aja como protagonista de sua vida.

Por fim, mantenha o propósito de vida e o senso de propósito como nortes valiosos rumo à mudança necessária ou desejada!

3. Quais são as primeiras barreiras que você vai enfrentar ao fazer a transição para produtos?

Vanêssa Santana
Gessileia Cyntrão
Talita Bitencourt
Victoria Knust

O universo de produtos é imenso e cheio de desafios, e entender as nuances que circundam o desenvolvimento de produtos pode parecer difícil, em especial para pessoas que não são da área.

Porém, por mais insegurança que você sinta, é importante buscar coragem para enfrentar algumas barreiras que podem ser encontradas no início dessa trajetória. E para que essa transição seja mais suave, apresentaremos os principais pontos de alerta que podem influenciar o medo de continuar, para que você se prepare com antecedência e tenha uma jornada com maior segurança.

Comportamentos e atitudes ágeis

Quando se fala em tecnologia ou desenvolvimento de software, ouvimos muito sobre agilidade e processos ágeis, pois foi dessa área que o conceito surgiu e se transformou no que conhecemos hoje. Porém, você deve estar se perguntando: "eu não sei nada sobre agilidade! Posso entrar no mercado de trabalho assim mesmo?". A partir desse pensamento, trazemos a seguinte questão: "será mesmo que você não sabe?".

Para ajudar em sua reflexão, resgatamos aqui a história da agilidade, que surgiu em meados dos anos 90, mas que de fato ganhou força em 2001, com o Manifesto Ágil. A partir dele, foram criados 12 princípios ágeis que em sua forma mais resumida trazem os seguintes assuntos:

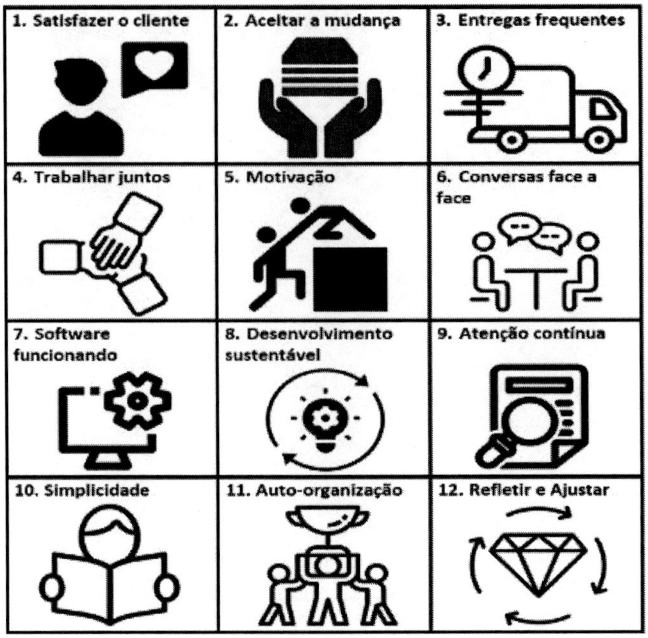

Figura 3.1. Princípios do Manifesto Ágil.
Fonte: os autores.

Olhando para essa imagem, você ainda considera não ter conhecimento nenhum de agilidade? Acreditamos que você já tenha aplicado pelo menos um desses princípios em seu ambiente de trabalho ou em tarefas do seu dia a dia, pois a agilidade está em tudo que fazemos.

Portanto, para dar seu primeiro passo na área de produtos não é necessário ser *expert* e conhecedor de todas as coisas, até porque o setor abrange muitos assuntos e com o tempo você descobrirá o que vai gerar mais valor para a sua carreira e para o mercado. Porém, uma vez atuando na área de produtos, é de suma importância que você se comprometa a estudar e evoluir constantemente como profissional, para que assim possa ajudar seu time e a organização como um todo.

Para apoiá-lo no aprendizado de atitudes e comportamentos ágeis, é relevante obter *soft skills* em gestão de conflitos, liderança servidora, trabalho colaborativo, *lean* e *mindset* ágil, gestão de *stakeholders*, habilidade de persuasão e negociação, empatia com todos envolvidos e adaptabilidade ao contexto e ao momento da empresa.

Para que essa obtenção de *soft skills* não seja uma barreira, procure mentoria de um profissional mais experiente, peça para participar das reuniões e cerimônias como um ajudante do seu mentor, para que possa vivenciar na prática e realizar sua autoanálise e modificar atitudes e comportamentos de acordo, sabendo que tudo isso é um processo que não ocorre da noite para o dia – o importante é não estacionar.

Conhecimento das práticas ágeis

As práticas ágeis são grandes aliadas do *Product Owner* e *Product Manager* porque auxiliam em diversas fases do desenvolvimento de produtos. Podemos defini-las como um conjunto de técnicas, ferramentas ou conceitos predefinidos usados para resolver problemas.

Tal busca por conhecimento poderá ser explorada em vídeos, *podcasts* e artigos, onde você poderá encontrar guias das práticas de forma gratuita e *on-line*. Como exemplo, temos o *Scrum Guide*, formulado pelos criadores do *framework*, que é um documento com menos de vinte páginas que descreve os valores, princípios, papéis, eventos e artefatos necessários para que o *Scrum* seja adotado. Para obter os guias, basta buscar na internet pelas palavras "Guia *Scrum*" ou "Guia *Kanban*" e começar seus estudos.

Mas não só de *Scrum* e *Kanban* vive o profissional, e fatalmente para que você se destaque na área de produtos será necessário aprender como funciona a gestão ágil de produtos, que poderá ser estudado no livro "Jornada Ágil do Produto" (MUNIZ *et al.*, 2020). Você também pode querer conhecer outros modelos para exploração e busca contínua por inovação e melhoria, como *Design Thinking, brainstorming, Lean Inception, Design Sprint*, OKR e outras práticas alinhadas aos conceitos da agilidade.

O mundo está se transformando e as práticas ágeis já são uma realidade comum nas organizações. Portanto, para que você não se sinta muito distante do modelo de trabalho do time quando iniciar um novo desafio, procure conhecer um pouco desse mundo e suas formas de fazer acontecer.

Facilidade de comunicação através da escrita

Assim como em qualquer outra carreira que esteja iniciando, é necessário estudo sobre termos técnicos da área e sobre as atividades a serem executadas, como, por exemplo, técnicas de escrita de histórias de usuário. A dificuldade de se comunicar de forma escrita pode ser uma barreira no início e, por isso, é necessário criar estratégias para tornar essa adaptação mais suave.

Uma estratégia recomendada é fazer seu próprio glossário conforme encontre palavras novas no dia a dia de trabalho.

Para criar seu repertório de técnicas de comunicação e escrita adequada, você pode consumir artigos e textos em geral da área de produtos. Uma boa dica é organizar suas pesquisas e estudos, salvando-os de forma a revisitá-los posteriormente.

Com as descrições e alguns formatos em mãos, o próximo passo é praticar, revisar e reescrever muito. Peça opinião, submeta seu trabalho para que outros profissionais da sua área avaliem e anote as sugestões para aplicá-las conforme faça sentido para você.

Escrever bem é um dos requisitos mais importantes na área de produtos: se algo não for descrito corretamente, pode gerar um incremento bem diferente da necessidade do usuário. Portanto, não tenha medo e garanta que a comunicação seja clara, precisa e livre de ambiguidades.

Ambiente de tecnologia ou produtos

Com as inovações constantes no mundo digital, o mercado de produtos se tornou cada vez mais ágil, provocando inquietação e trazendo movimentos e novas descobertas. A partir desses movimentos, adaptabilidade e flexibilidade são imprescindíveis, pois são necessárias pessoas proativas para minimizar os impactos das transformações no ambiente de trabalho, tanto em *home office* quanto híbrido.

Se esse ambiente enérgico causa muitas vezes dificuldades para os mais experientes, imagine então como será difícil essa experiência para quem está em transição de carreira.

Porém, não se amedronte. Na realidade, você pode até ser um ponto de equilíbrio, trazendo qualidade nas entregas e saúde para o time, que muitas vezes se encontra esgotado física e mentalmente com tantas prioridades. O objetivo maior é ser compreensivo com o seu ritmo e pedir ajuda quando perceber que precisa de um tempo maior para executar determinada atividade. Talvez um dia ou outro seja necessário trabalhar um pouco mais, mas não faça disso uma rotina.

Comunicação com pessoas de outras áreas

Costumamos dizer que o papel do profissional de produtos não deve ficar apenas na identificação das necessidades, no repasse ao time e na apresentação de resultados, haja visto que existe uma lacuna de comunicação que causa desacordos e insatisfações, por isso precisamos buscar maneiras objetivas e transparentes de nos comunicarmos, pois somos a ponte entre as áreas envolvidas e os *stakeholders*, com foco na solução de problemas.

A dica valiosa é você manter um bom relacionamento com as áreas, para que isso aconteça de maneira fácil e leve. Esteja sempre de ouvidos abertos. Por mais que pareça complicado no início, procure conhecer o contexto no qual você está se inserindo e preste atenção no que está sendo repassado. Não se assuste, pois é supernatural termos medo quando estamos entendendo os processos, as dores e o dia a dia de uma área que não é a nossa. Porém, não saia desse papo com dúvidas. Sempre pergunte e seja humilde para aceitar ajuda. Assim, você não só sairá com o entendimento, mas com um novo relacionamento que poderá ser útil por muito tempo.

Tenha muito cuidado com as palavras. Ao longo da nossa jornada vamos encontrar diversos tipos de pessoas, então sempre tente levar sua conversa no formato mais profissional possível, seja ele verbal ou escrito. Evite usar gírias e termos muito técnicos, que acabam dificultando a comunicação e podem gerar uma resistência a você, o que não será positivo para a sua trajetória.

Portanto, conheça as pessoas da sua organização e mostre o quanto o conhecimento delas é importante para o resultado da empresa. O *background* de cada profissional em um trabalho colaborativo certamente gerará um valor incrível para o negócio.

Posicionamento profissional

A maneira como a pessoa se comportará no primeiro contato na nova empresa influenciará a empatia ou não com a equipe. A construção da imagem é fundamental quando a pessoa ingressa em um novo ambiente. O autoconhecimento facilitará a manutenção e a harmonia dessas relações.

Ter uma escuta ativa e estabelecer uma comunicação clara, demonstrando o seu conhecimento e promovendo laços de confiança, é necessário para construir pontes para maior entendimento entre a equipe.

Um profissional novo no mercado pode se sentir inseguro em se posicionar como referência em produtos, justamente por não ter tido experiência prática. Porém, se ele se deixar levar por esse medo, não conseguirá gerar confiança e sua relação com o time poderá ser abalada.

Portanto, deixe a insegurança de lado e acredite: se você passou em um processo seletivo foi porque algumas pessoas confiaram no seu potencial. Então, quando a equipe apresentar um problema para o qual você não tenha a resposta no momento, não fique paralisado. Avise que vai buscá-la e, em seguida, estude, analise, pergunte a outras pessoas, pense a respeito e retorne com a provável solução, pois assim você atenderá às necessidades, aprenderá com o processo e não gerará um "ponto de risco" para o seu produto e em especial para a sua transição de carreira.

Dedicação e tempo

Quando estamos em transição de carreira, um ponto bem relevante a ser considerado e entendido é que essa transição demanda tempo. É importante estarmos em um momento da vida onde exista a possibilidade de dedicar tempo não somente para os estudos, mas para conhecer pessoas (em eventos, comunidade e/ou congressos), ampliando assim a oportunidade de ser visto e de conhecer pessoas novas e empresas que estejam alinhadas ao seu propósito.

Considerações finais

Iniciar em uma empresa na mesma área em que atua já é um desafio; se você for novo na área, então...

Mas acredite: se você foi escolhido no processo seletivo é porque demonstrou capacidade de executar o trabalho. Então vá em frente e não tenha medo.

Seu medo não é único e você não está sozinho nessa jornada. Prepare-se sempre que puder e com certeza sua primeira experiência com produtos proporcionará muitas trocas.

4. Como lidar com a "síndrome do impostor"?

Annelise Gripp

Com certeza você já deve ter ouvido falar da "síndrome do impostor", na linguagem popular conhecida como "sabotador". O termo foi usado pela primeira vez em 1978 por Pauline Clance e Suzanne Imes. As psicólogas e pesquisadoras definiram a condição como uma experiência individual.

Nas palavras do Dr. Gonzalo Ramirez (2023): "A síndrome do impostor é vista como uma desordem de autopercepção, que não chega a ser classificada como uma doença mental, porque os sintomas apresentados costumam ser os mesmos sintomas que são encontrados em outros transtornos como depressão, ansiedade e baixa autoestima". Ou seja, a pessoa que desenvolve a síndrome constrói, dentro da cabeça dela, uma percepção de si mesma de incompetência ou insuficiência. Ela se sente incapaz de internalizar o sucesso que obteve em algum momento na vida e cria pensamentos negativos sobre ela mesma, sabotando todas as qualidades, virtudes e talentos que possui, achando-se uma fraude e não merecedora de qualquer reconhecimento.

Há algumas décadas, não ouvíamos falar muito sobre essa síndrome, porque não tínhamos tanta concorrência e competitividade entre as pessoas. Hoje a cobrança de "ser o melhor" é muito maior em algumas áreas de trabalho, como: educação, tecnologia, saúde, esportes, negócios etc. É necessário ficar atento, pois a síndrome geralmente atinge pessoas mais inseguras e com facilidade de internalizar falhas e críticas. Isso geralmente acontece em momentos de desconforto, fragilidade, dúvida, transição ou em novos cenários, desafios e ambientes.

Também é importante lembrar que não existe uma idade ou um cenário para a síndrome aparecer. Acontece em todas as idades e profissões, especialmente quando a pessoa está sendo avaliada pelo seu desempenho e/ou está com o holofote sobre si. O medo de errar, de não conseguir entregar, de ser um desastre, de fracassar, é enorme.

Um exemplo de causa comum que podemos citar seria um nível alto de cobrança na infância. É uma das grandes razões dessa autopercepção, mas a causa também pode vir do convívio social. O ambiente pode ajudar a piorar a síndrome, dependendo do modelo mental das pessoas que estão inseridas no mesmo cenário.

A seguir vamos falar sobre os sinais e sintomas da síndrome do impostor.

- ✓ **Necessidade de se esforçar demais:** quando você acredita que precisa se esforçar mais do que as outras pessoas, por se sentir incapaz e insuficiente. Mostra o excesso de trabalho como uma forma de justificar o seu desempenho. Se fizer isso, a pessoa só ficará mais esgotada ou ansiosa.
- ✓ **Autossabotagem:** quando você se acha um fracasso e acredita que a qualquer momento alguém melhor vai aparecer e expor suas deficiências. Por medo, acaba executando menos tarefas ou aquelas com menos valor, para não correr o risco de ser julgado.
- ✓ **Adiar tarefas:** quando você deixa tarefas e compromissos importantes para depois ou demora mais do que o normal para realizar uma tarefa, por medo de ser mal avaliado.
- ✓ **Medo de se expor:** quando você tem medo de chamar atenção para si. Isso mesmo! Então você acaba sempre realizando tarefas menos importantes, para não aparecer.
- ✓ **Comparação com os outros:** quando você é perfeccionista, está sempre comparando o seu trabalho com o dos outros, exige muito de si e acha que tudo o que faz ou realiza nunca está bom o bastante.
- ✓ **Querer agradar a todos:** quando você busca aprovação no ambiente em que convive, tenta causar boa impressão e força ter carisma e empatia com o objetivo de agradar os demais. A pessoa tem medo de ser substituída.

Diante de todos esses comportamentos, você já pode imaginar os impactos na vida do profissional. A seguir, alguns deles:

- ✓ **Cansaço mental:** o esgotamento mental pode levar o profissional a desenvolver problemas psíquicos como *burnout* ou depressão, agravando o estado de saúde. Com isso, pode ser afastado de suas atividades ou até mesmo ser dispensado do emprego.
- ✓ **Insatisfação:** acontece quando o profissional não acredita no seu potencial e no seu sucesso; ele sempre acha que poderia ter feito um trabalho melhor e nunca está satisfeito com o que realiza.

- ✓ **Produtividade baixa:** a produtividade, na visão de quem possui a síndrome, é sempre trabalhar muito, fazer muito, sem pensar na qualidade e no valor do que realiza. Logo, absorve muitas tarefas sem valor, não consegue realizar todas e ainda compromete as entregas.
- ✓ **Sobrecarga:** quem possui a síndrome não sabe dizer "não" para o trabalho. Recebe cada vez mais tarefas sem hesitar, no intuito de demonstrar que está sendo "produtivo". O resultado é uma sobrecarga, pois trata todas as tarefas com o mesmo peso, sem priorizar o que é mais importante.
- ✓ **Perda de oportunidades:** este é o pior dos impactos, porque oportunidade é algo que criamos para nós mesmos quando realizamos um bom trabalho, fazemos uma grande entrega ou valorizamos nosso esforço e conhecimento. Imagine você receber a oportunidade de ser promovido para um cargo de liderança ou uma posição de especialista e recusar por achar que não vai dar conta ou não vai conseguir.

Quando você recusa uma oportunidade, ela pode ir para as mãos de outro profissional, que pode não ter tido o mesmo empenho, expertise e vontade de fazer acontecer que você. O resultado traz lamentações e reclamações no futuro. Você depois pode dizer que "fulano(a)" ou "sicrano(a)" roubou a sua vaga!

Não seja essa pessoa, não faça isso com você!

Sabemos que a transição de carreira pode ser um passo difícil, e a procrastinação pode assumir o comando por mais tempo que imagina. A cada passo é importante saber quais são os seus gatilhos e evitar a síndrome do impostor.

Evitando a síndrome do impostor

Para exemplificar, vamos pensar na situação de uma pessoa em transição em sete etapas, não se limitando apenas a essas:

1 – Despertar o interesse em transição de carreira para produtos

Para despertar o seu interesse pela área de produtos existem muitos gatilhos. Vamos citar os principais:

- ✓ Demonstrar interesse ao colega de trabalho que atua na área e observar o que ele faz no seu dia a dia, quais ferramentas, resultados, processos.

- ✓ Fazer cursos da área de produtos para se capacitar e criar *network* com pessoas da área.
- ✓ Participar de comunidades e de eventos promovidos pela área.
- ✓ Realizar trabalhos comunitários para que você possa colocar em prática os conhecimentos adquiridos.

2 – Buscar *soft skills* e *hard skills*

Nesta etapa é necessário ficarmos atentos, pois os nossos sabotadores podem aparecer por estarmos num momento de desconforto.

Surgem pensamentos negativos como: "eu não vou conseguir", "não tenho esse perfil", "esse papel não é pra mim", "não vou ter tempo para estudar", entre outros.

Quando esses pensamentos começarem a surgir, pare, respire fundo e troque-os por pensamentos positivos, como: "eu sou capaz", "já passei no processo seletivo", "o curso que eu fiz me deu uma boa base", "eu aprendi com a comunidade", "esse é o caminho que eu quero seguir". Se tiver dificuldade em repensar positivamente, escreva-os em *posts-its* e coloque-os em espaços onde fiquem visíveis aos seus olhos para sempre relembrar.

3 – Iniciar a prática na área de produtos

Pessoas que desejam trocar de emprego costumam afirmar que são incapazes e que não recebem oportunidade por falta de experiência prática na área desejada, mas na verdade essa é mais uma autossabotagem: acabam então não criando nenhum plano de ação para atingir seu objetivo de transição de carreira.

Identifique espaços onde você possa praticar e até mesmo aprender sobre produtos com outros profissionais. O trabalho voluntário em eventos e comunidades abre as portas para você praticar o seu aprendizado.

Existem grupos nas empresas onde os próprios funcionários estudam e debatem assuntos de valor e relevância. Se a sua empresa não possui, crie um!

4 – Procurar vagas

Acesse suas redes profissionais e busque vagas para trabalhar com produtos. Faça parte de grupos que compartilham vagas em canais de comunicação. Acesse páginas de empresas onde deseja trabalhar e cadastre-se para acompanhar as oportunidades. Converse com seus amigos sobre buscar novas oportunidades no mercado. Sempre tem alguém para ajudar!

5 – Participar de entrevistas

As entrevistas para cargos na área de produtos são focadas no seu comportamento: como você levanta a necessidade, como pensa em melhorar os produtos, como é o seu relacionamento com o seu time e com os executivos da empresa. Perguntam também se você utiliza ferramentas e métodos, por que você escolheu trabalhar com produtos e por que a empresa deveria contratá-lo.

As perguntas mais difíceis de responder são as que dizem respeito ao relacionamento e comportamento do candidato com *stakeholders*, time, cliente e usuário em momentos de pressão ou conflitos. Toda empresa passa por esses momentos, e como o candidato age e reage nesse período vai ser de grande importância no momento da entrevista. Trazer cenários que já aconteceram com você e como atuou neles é extremamente importante.

Tenha coragem e candidate-se. A cada entrevista que você fizer você se sentirá mais confiante. Talvez você não passe na primeira tentativa, mas servirá de aprendizado.

6 – Aceitar a proposta

Analise as propostas pensando na evolução da sua carreira na área de produtos. Pense em ambiente, cultura, oportunidades de crescimento, plano de carreira e benefícios a curto, médio e longo prazo. Aceite a proposta que tenha mais a ver com você e com o que planejou para sua vida profissional. Não se sabote! Não procure ou crie desculpas/justificativas para não aceitar uma boa oportunidade.

7 – Executar o trabalho com produto nos primeiros 90 dias

Toda mudança de ambiente e cultura mexe conosco, e os primeiros dias trabalhando com produto não são diferentes. Na maioria das vezes você vai chegar em uma área que já está formada, com as pessoas já enturmadas e trabalhando juntas. Nesse período bate um certo medo. Use-o para conhecer o produto, as pessoas, a empresa, os processos e as ferramentas; assim terá mais confiança e segurança para propor melhorias e inovações no futuro. Comece devagar, adquira conhecimento primeiro, faça *network* e depois ganhe velocidade. Esse é o processo natural de aprendizado.

Se seguir as dicas passadas neste capítulo, você vai conseguir passar pela transição de carreira com mais tranquilidade e ainda vai ajudar outras pessoas.

5. Sou de uma área que não é de tecnologia; posso fazer a transição para a área de produtos?

André Alves de Lima Bueno
Rafael Ferreira Bittencourt
Juarez Barreto Azevedo

Para atuar na área de produtos o seu foco será em negócios. A sua formação e o seu *background* de domínio poderão ser usados na carreira de produtos para atender às necessidades das pessoas e, portanto, não é um pré-requisito ser da área de tecnologia.

O dono do produto (*Product Owner*) conecta a necessidade com a solução contando com o apoio de pessoas que entendam de tecnologia. Vale reforçar que a tecnologia é apenas um meio para atender às necessidades das pessoas. Os gestores de produtos estão direcionados principalmente a resolver problemas dos seus clientes, monetizar as soluções, estudar constantemente os concorrentes, lançar continuamente ofertas atraentes para captação e retenção e aumentar a satisfação com o produto.

Com base nessas argumentações, qualquer pessoa que domine o seu nicho de mercado poderá ser um *Product Owner* (PO) ou *Product Manager* (PM) e certamente terá sucesso em sua função se aplicar práticas e técnicas de gerenciamento de produtos, as quais não são atividades de desenvolvedores.

Porém, é muito importante também que o *Product Owner* (PO) ou *Product Manager* (PM) que já domina todo o negócio consiga se comunicar com as pessoas que irão desenvolver o produto. Para que isso aconteça de forma mais tranquila, existem *frameworks* de gestão de desenvolvimento de produtos que o mercado adota como melhores práticas, a exemplo do *Scrum*, que foi originalmente criado para desenvolvimento de software.

Além do uso de *frameworks* na padronização da comunicação com a equipe e no desenvolvimento, você precisará acrescentar conhecimentos específicos da gestão ágil de produtos: aprenda técnicas complementares de refinamento como INVEST e de priorização como a MoSCoW. Elabore a visão estratégica do planejamento que vai além de uma *Sprint*, de modo que você consiga, sem ser um programador, gerar para os seus *stakeholders* a satisfação pela entrega do produto com *outputs* tais como: uma visão do produto atualizada e *roadmap* de *releases* e de *Sprints*, demonstrando periodicamente os resultados alcançados.

Com base nas explicações apresentadas, concorda que o profissional não precisa ser da área de tecnologia para atuar com gestão de produtos?

O coautor André, por exemplo, possui formação inicial em Direito, com MBA em Gestão Empresarial. Na sua jornada profissional o MBA despertou seu espírito empreendedor e ele começou a ver muito além da sua formação inicial. Com os *insights* da área de negócio, começou a estudar sobre produtos e metodologias ágeis e perseverou com o propósito de transitar de carreira até que teve a oportunidade de atuar como PO. Em sua primeira oportunidade, já se destacou por fazer a equipe pensar fora da caixa e obter grandes entregas de valor.

Há uma crença de que é preciso programar, mas isso não é verdade. Você precisa entender a rotina do time de desenvolvimento. Assim como você tem empatia por seus clientes, precisará aplicar essa mesma empatia com a sua equipe: ao se colocar no lugar deles, você irá colaborar para atingir os resultados, mitigando riscos de falha de comunicação.

Considerações finais

Agora que já foi esclarecido que PO e PM não precisam saber programar, você pode respirar aliviado e seguir em frente com os estudos. Para quem é ou não de tecnologia, o Capítulo 14 ("Cursos livres, pós-graduação, certificações") nos dá dicas de como aprofundar em temas importantes que vão acelerar a sua transição de carreira.

Conclusão da Parte I

Agora que você conhece um pouco o que é uma transição de carreira e principalmente o que é necessário para fazer uma transição para a área de produtos, já pode tomar a decisão pela transição e aceitar o desafio. Uma vez que você esteja decidido, discutiremos quais são os próximos passos na Parte II. Vamos juntos?

PARTE II. A ÁREA DE PRODUTO E O MERCADO

A segunda parte traz uma introdução sobre a área de produtos, seus papéis e sugestões importantes de leitura caso o leitor queira se aprofundar na área antes de realizar a transição. Traz uma resposta à pergunta: "será que conheço mesmo o que me espera?".

6. A área de produtos: quem são os profissionais e o que fazem

Bento Júnior
Daniélle Pombal
Juarez Barreto Azevedo
Luciano Pinna
Marcia Maximiano
Rafael Ferreira Bittencourt
Ricardo Jesus
Sabrina Nader
William Guimarães

O mundo mudou. Agora as empresas precisam ser ágeis, adaptativas e ouvir cada vez mais os seus clientes. Para isso não bastam apenas *frameworks* ágeis, é necessária também uma gestão ágil de produtos, que significa gerenciar o negócio de forma empreendedora e visionária. Essa gestão passa por identificar as necessidades emergentes do mercado, criar soluções inovadoras e disruptivas e fazer entregas frequentes aos clientes, mantendo um ciclo de experimentações e investimentos contínuos para que as empresas sobrevivam ao futuro.

Nesse contexto, a carreira de produtos ganhou destaque e relevância, pois nesses papéis são depositadas as expectativas de transformar as necessidades em oportunidades de negócios. Neste livro falaremos sobre a transição de carreira para produtos, mas é recomendável estudar a área e seus papéis no livro "Jornada Ágil de Produtos" (MUNIZ *et al.*, 2020). Por isso, durante o capítulo faremos uma breve introdução a importantes temas da área para que você busque se aprofundar, já pensando na sua transição de carreira.

Visão holística empresarial e o *business agility*

Para alcançar o *business agility* é necessário ter uma visão holística do negócio; então, é importante considerar todo o fluxo de valor da companhia na transformação digital. Não se limite à área de produtos ou de suporte a operações, sempre veja o todo.

Ter uma área de produtos estruturada ainda não é a realidade na maioria das empresas brasileiras. Diante disso, surge a importância de um dono do produto (*Product Owner*) em todas as áreas da cadeia operacional para garantir a sinergia entre o ciclo do produto e os objetivos do negócio.

Agora você já sabe que poderá atuar como *Product Owner* sem estar alocado na área de produtos.

E quais são os dois grandes blocos de atuação dos profissionais de produtos?

1. **Área de produtos:** voltada para plataforma de venda para os clientes finais – e é aqui que são criados de fato produtos que direta ou indiretamente geram resultados para a empresa.
2. **Área de suporte a operações:** os departamentos de suporte da companhia, como RH, finanças, jurídico, logística, compras, entre outros, geralmente não têm uma "área de produtos", e é comum reagirem como clientes do departamento de TI na busca de melhor eficiência operacional, o que nos leva à transformação digital de seus processos finalísticos. Nesse contexto, é necessário que adotem ou desenvolvam produtos digitais como ferramenta de suporte operacional, por meio de plataformas SaaS, automação inteligente, RPA, hiperautomação etc., que, ao final, visam otimizar o fluxo de valor da empresa.

E o que é a área de produtos?

Segundo Rehkopf (s.d.): "o gerenciamento de produto é uma função organizacional que guia cada etapa do ciclo de vida de um produto: do desenvolvimento até o posicionamento e a precificação, com foco no produto e nos clientes acima de tudo".

A área é a responsável por construir produtos e serviços que atendam às necessidades dos clientes e que estejam ligados à estratégia do negócio.

E como será a rotina como profissional da área de produtos?

Primeiramente, tenha no seu radar a visão do ciclo de vida do produto, desde a criação, passando pelos estágios de crescimento, maturidade e declínio, pois a sua estratégia de atuação é diferente em cada estágio.

Para um produto em criação, crescimento e maturidade, a quantidade de inovações e soluções de demandas é maior – requer perfil criativo, empreendedor e inovador.

Já um produto em declínio poderá estar na esteira de produtos legados da companhia, e poucos serão os investimentos em inovação. O foco será apenas em garantir a manutenção – e, portanto, o perfil do profissional tende a ser mais conservador.

De posse dessa visão de alto nível, e com foco na sua transição de carreira, é importante estudar os temas a seguir, usando como guia o livro "Jornada Ágil do Produto" (MUNIZ *et al.*, 2020), para aplicar na condução das atividades a seguir.

Entenda o problema do negócio

Todo produto ou serviço surge da necessidade, dor ou desejo das pessoas, e para se destacar na sua carreira é preciso resolver problemas reais das empresas e de seus clientes. Então, no seu dia a dia, tenha como rotina validar se a lista de problemas a serem resolvidos está alinhada com os *stakeholders* e vai gerar o resultado esperado para o negócio.

Para cada problema da lista, sempre questione e registre o valor de retorno do investimento. Quando intangível, tenha minimamente um alinhamento executivo para trabalhar nas dores reais e relevantes.

Atividades de rotina que ajudam a fortalecer essa abordagem:

- ✓ Mapear personas.
- ✓ Determinar público-alvo.
- ✓ Precificar o produto.
- ✓ Mapear e coletar as necessidades de todos os *stakeholders*.
- ✓ Transformar as necessidades coletadas em requisitos de negócios.
- ✓ Organizar esses requisitos em uma lista ordenada pela importância.
- ✓ Empregar o menor esforço possível para validar a hipótese de aceitação.
- ✓ Comunicar a todos os interessados as escolhas e etapas de validação.

Usabilidade do produto/serviço

Como disse Peter Drucker (1963): "Não há nada tão inútil quanto fazer eficientemente o que não deveria ser feito".

Mantenha o foco em entregar apenas as funcionalidades que realmente agregam valor para o cliente final, na qualidade e na quantidade esperadas pelos clientes. A jornada do usuário ao navegar ou consumir seu produto deve ser leve e simples.

Não é incomum vermos equipes deixando seus produtos mais complexos e difíceis de navegar. Isso pode ocorrer pelo capricho de querer incluir todas as funcionalidades imaginadas, sem observar a qualidade e o impacto na experiência dos clientes.

É esperado que o bom profissional de produtos promova de forma empreendedora as discussões e *brainstormings* sempre que prever a ausência de requisitos relevantes ou riscos de degradação da experiência com novas funcionalidades. Esses questionamentos farão toda a diferença no posicionamento do produto no mercado. Com atitudes como essa você poderá ser o protagonista a direcionar o produto para o atingimento da grande meta do ano ou plurianual.

Atividades de rotina que ajudam a fortalecer essa abordagem:

- ✓ Foco nos resultados finalísticos que resolvem o problema do seu cliente.
- ✓ Cuidado com incrementos sem valor.

Uso de métrica

É fundamental usar métricas para definir o uso e a evolução do produto. Mas cuidado para não usar métricas de "vaidade", como, por exemplo, o uso de números ou dados de ações que não servem para a tomada de decisões. Uma fonte de pesquisa sobre como aplicar métricas e KPIs é o livro "Jornada OKR na prática" (MUNIZ *et al.*, 2022). Um exemplo é o NPS (*Net Promoter Score*), que mede a satisfação dos clientes. Outras métricas importantes podem ser aprofundadas no livro "Jornada Ágil do Produto" (MUNIZ *et al.*, 2020).

Atividades de rotina que ajudam a fortalecer essa abordagem:

- ✓ Defina com executivos e equipe a principal meta do produto para o ano.
- ✓ Estabeleça o processo recorrente de avaliação de desempenho do produto, determinando a necessidade de criação de um plano de ação com prazos e responsáveis.

Domínio da tecnologia

Este é um item bem polêmico, pois não há na comunidade ágil um consenso sobre a obrigatoriedade do *Product Owner* ou do *Product Manager* dominar a tecnologia.

Dominar a tecnologia é saber o que está por trás do produto, sua estrutura, quais tipos de código são usados, o desenho de arquitetura da solução, integrações e dependências com outros sistemas, riscos e limitações. Mais detalhes sobre o assunto são discutidos no Capítulo 5 ("Sou de uma área que não é de tecnologia, posso fazer a transição para a área de produtos?").

Atividades de rotina que ajudam a fortalecer essa abordagem:

- ✓ Participe das discussões de arquitetura da solução.
- ✓ Crie um glossário de conhecimentos técnicos.
- ✓ Estude a topologia da solução, seus módulos e suas funções e interfaces de integração.

Seja *expert* no negócio

Em sua rotina, foque em manter um produto que proporcione a melhor experiência para o usuário e traga o retorno esperado pela empresa. Esse retorno deve ser baseado nos KPIs do negócio para permitir as melhores tomadas de decisão, e assim adaptar rapidamente às necessidades de seu público-alvo. Afinal, seu foco será ajudar a empresa a não perder espaço no mercado e maximizar o produto, evitando que ele caia em declínio rapidamente.

Seja curioso e faça perguntas como:

- ✓ Como posso estudar e dominar as funcionalidades do produto?
- ✓ Quem são os meus concorrentes diretos e indiretos?
- ✓ Quem é o regulador e quais as leis do meu segmento de negócio?
- ✓ Quais são ou quais poderiam ser meus parceiros de negócio?
- ✓ Como desenvolver um produto ou serviço diferente dos disponibilizados pelos meus concorrentes?

Atividades de rotina que ajudam a fortalecer essa abordagem:

- ✓ Interagir com as pessoas envolvidas no processo.
- ✓ Priorização: mapear e definir quais melhorias serão feitas primeiro.
- ✓ Visão do produto e *roadmap* de *releases*: pensar na visão de futuro.
- ✓ Promover transparência: comunicar os resultados.
- ✓ Automação para eficiência: avaliar a possibilidade de automação dos processos para que se tenha ganho de eficiência operacional, redução de riscos e de erros operacionais, com cálculo de retorno do investimento. Dica: O livro "Jornada RPA e Hiperautomação" (MUNIZ *et al.*, 2022) traz uma visão interessante de como as automações contribuem para uma redução de custos e como se faz para dimensionar o retorno financeiro.

Segundo o livro "Jornada Ágil de Produto" (MUNIZ *et al.*, 2020), o papel do *Product Owner* (PO) é "ser responsável por maximizar o valor do produto resultante do trabalho do time de desenvolvimento. Ou seja, guiar o time para a construção do produto que trará o maior ROI (Retorno do Investimento) possível". Já o *Product Manager* (PM), que não é mencionado no Guia do *Scrum*, foi uma função criada pelo mercado exatamente para absorver questões estratégicas do produto que não são abordadas pelo guia. Por isso, em muitas organizações, o *Product Manager* ou gerente de produtos assume diversas atividades que normalmente são realizadas pelo gerente de projetos (GP). Mas isso não quer dizer que em outras organizações o próprio PO não possa assumir também essas atribuições.

Como o *Product Manager* convive com o gerente de projetos?

A diferença é que o perfil de PM/PO é comumente utilizado em projetos que usam metodologias ágeis, e estas, por sua vez, possuem *frameworks* que não necessariamente contemplam os mesmos grupos de processos preconizados pelo PMI (depende da forma como está configurada a gestão de projetos e produtos em cada empresa).

No contexto de empresas ágeis, quando existe um papel de GP, o foco dele é o processo e as métricas estabelecidas em seu planejamento, para que o projeto fique dentro do escopo, custo, prazo e qualidade acordados, enquanto o PO/PM foca na entrega de valor agregado, define o escopo a trabalhar e acompanha o time durante as *Sprints* até a entrega final do produto.

Preparado para os próximos passos?

Se você se identifica com a missão de ser uma pessoa-chave entre as áreas de tecnologia e de negócio e tem paixão pelo cliente, você tem perfil para atuar na área de produtos.

Considere a possibilidade de se tornar *Product Owner* onde você trabalha. Assim você poderá acumular experiência na função antes de se aventurar no mercado.

7. Especializações

Carla Ezaki
Ricardo Jesus

Uma frase de impacto que você deve guardar em sua memória no processo de transição é "conheça muito bem o seu produto", pois antes de conhecer a ferramenta X ou Y precisamos conhecer bem o nosso produto, o nosso mercado, quem é o nosso cliente e o nosso time. Somente assim podemos escolher a melhor ferramenta, ou seja, não sejamos apegados a determinadas ferramentas, pois podemos acabar martelando um parafuso!

A partir de 2001, com o surgimento do Manifesto Ágil, a nossa forma de gerenciar as demandas de software mudou, aproximando área de negócio e equipe técnica, além de incluir a participação ativa do cliente, não mais como um cobrador, mas como um parceiro.

Além de atender à necessidade do consumidor final, é preciso pensar em outras habilidades técnicas que vieram para dar maior tração e um direcionamento muito mais objetivo à área de produto.

A depender do nível da carreira, o profissional poderá atuar de forma mais executora ou mais estratégica. As especializações mais comuns são as listadas a seguir:

- ✓ **Generalista:** ele flutua entre a área técnica e de negócio com bastante facilidade. Normalmente consegue assumir várias frentes sem grandes dificuldades. Seu foco é grande na experiência do cliente, podendo atuar em produtos *customer facing*, sejam eles B2B ou B2C.
- ✓ **Negócio:** o profissional da área de produto tem um profundo conhecimento do negócio em que está inserido. Normalmente possui formação específica e experiência em campo, como, por exemplo, advogados, contadores, engenheiros civis etc. Seu conhecimento é muito forte no ramo de atuação e tem o time como forte aliado em decisões que envolvam a parte técnica. O seu

cliente é a organização e o consumidor final, promovendo um equilíbrio dos interesses.

- ✓ **Design:** atua fortemente com a experiência do cliente e possui profundo conhecimento em design. Geralmente possui formação na área de design e usabilidade, e os produtos nos quais atua são voltados para o consumidor final.
- ✓ **Técnico:** conhece profundamente o desenvolvimento de software, não raro tendo atuado anteriormente como desenvolvedor, QA ou outras funções em tecnologia. O foco é gerar ferramentas para os demais desenvolvedores, como plataformas de construção de APIs, sistemas de segurança e identidades, plataformas de CI/CD, *deploys*, entre outras. Nesse contexto, o seu cliente será o desenvolvedor.
- ✓ **Dados:** o principal papel é entregar dados como produtos, permitindo que as demais áreas tomem decisões objetivas, entreguem serviços mais personalizados e usem análises e modelagens de dados com inteligência artificial. Além dos produtos de dados, não raro o profissional é responsável por plataformas que têm o objetivo de coletar, transformar, enriquecer e permitir análises aprofundadas de uma gama enorme de dados, além de se preocupar com *compliance* e LGPD.
- ✓ ***Growth*:** o profissional gera crescimento para escalar o negócio, sendo o seu foco trabalhar modelos que tornem um produto mais relevante no mercado, a fim de levar os usuários a identificar de forma rápida e simples o valor do produto.

Como podemos observar, a tendência é que cada vez mais áreas sejam "produtizadas", demandando profissionais com conhecimentos específicos, como, por exemplo, direito, contabilidade, construção civil, engenharia e ciência de dados. O que não muda é a paixão pelo cliente, o entendimento do mercado, o alto poder de comunicação e demais *skills* já descritas neste livro.

E como o mercado está vendo essa especialização dos gerentes de produtos?

Fizemos uma busca em especial no Indeed com base no perfil de cada profissional para entender como estão sendo vistas as vagas. Acompanhe:

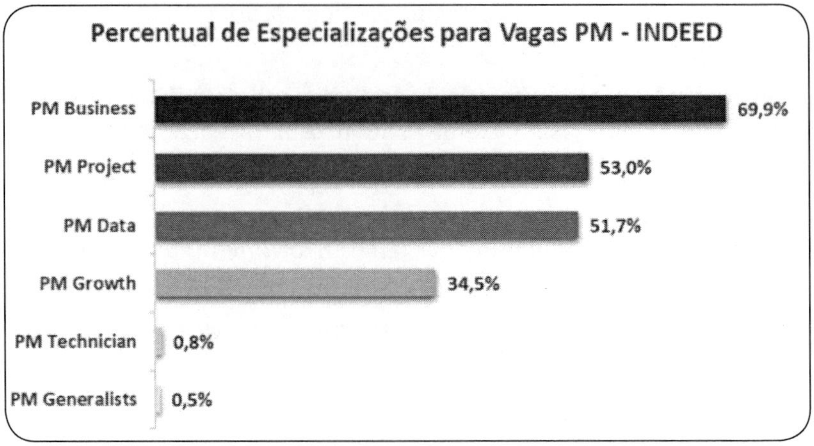

Figura 7.1. Percentual de vagas do *Product Manager*.
Fonte: os autores, com base em dados coletados no site Indeed.

Como podemos observar no gráfico, ainda temos uma demanda muito grande de profissionais de produto mais voltados ao negócio, onde conhecimentos especializados são muito valorizados: serviços bancários e pagamentos, orçamentos e construções. Logo atrás temos ainda uma demanda grande por gestores de projetos, mas começamos a observar um aumento na demanda por *Data Product Managers* e *Growth Product Managers*.

O gráfico foi produzido com base em uma pesquisa utilizando uma amostragem, porém existem muitas vagas com títulos genéricos. A dica de ouro aqui é entender o que de fato é esperado de determinada posição. Converse com o recrutador e veja o que é imprescindível e o que pode ser desenvolvido.

Muitas pessoas que não são da área de tecnologia acham que o seu conhecimento prévio deve ser jogado fora, pois estariam entrando em outra área de conhecimento. Porém, ao observar as vagas, podemos ver que o PM de *business* é muito valorizado, ou seja, conhecimento e experiência em áreas específicas podem ser o seu superpoder nessa nova carreira!

8. A estratégia por trás de todo produto

Clayton Soares Sena
Juarez Barreto Azevedo
Rafael Ferreira Bittencourt

A estratégia por trás de todo produto envolve cuidadosa análise de mercado, identificação de oportunidades e definição de objetivos claros e com decisões baseadas em dados, fatores fundamentais para o sucesso de um produto em um mercado competitivo (MUNIZ *et al.*, 2020). A seguir, alguns pontos relevantes na criação da estratégia:

- ✓ **Compreender as necessidades e os desejos dos consumidores:** pesquisas de mercado evidenciam quais são as dores dos clientes em relação a produtos existentes da sua empresa ou de seus concorrentes e também mostram as necessidades emergentes, para as quais não existe ainda um produto no mercado.
- ✓ **Definição de metas específicas e mensuráveis:** isso inclui estabelecer metas de vendas, *market share* ou outro indicador relevante para o sucesso do produto. Com as metas definidas, é possível desenvolver um plano de ação que inclua estratégias de precificação, distribuição, comunicação e promoção.
- ✓ **Diferenciação:** para se destacar em um mercado competitivo, é essencial oferecer algo único ou especial em relação aos concorrentes. Isso pode ser alcançado por meio de características exclusivas, design inovador, qualidade superior ou uma abordagem diferenciada para atender às necessidades dos clientes. Essa proposta de valor deve ser claramente comunicada para o público-alvo por meio de uma estratégia de marketing.
- ✓ **Escalabilidade do produto:** sua capacidade de atender a uma demanda crescente e de se adaptar às mudanças do mercado ao longo do tempo.
- ✓ **Decisão baseada em dados:** os dados desempenham um papel fundamental na tomada de decisões de um profissional de produtos. Eles fornecem informações objetivas e baseadas em evidências que auxiliam na compreensão do mercado, nas necessidades dos clientes e no desempenho do produto.

- ✓ **Antecipação de tendências:** ao acompanhar as mudanças no mercado, será possível identificar tendências emergentes, que podem incluir avanços tecnológicos, mudanças nas preferências dos consumidores, novas regulamentações ou outros fatores que impactam o mercado.

Um exemplo de estratégia de produto

Uma empresa de roupas esportivas quer lançar uma linha de produtos sustentáveis. Ela percebe uma tendência crescente: consumidores que buscam marcas comprometidas com a preservação do meio ambiente. A estratégia é desenvolver roupas esportivas feitas de materiais reciclados e processos de fabricação de baixo impacto ambiental. A empresa define metas de *market share* e penetração no mercado. A estratégia de comunicação e marketing é focada em destacar a sustentabilidade dos produtos, utilizando materiais reciclados e divulgando seu compromisso com a preservação ambiental. Buscam-se também parcerias com influenciadores e são organizados eventos para promover a linha sustentável.

Ferramentas de apoio

Para apoiar o profissional na condução das atividades e materializar a estratégia, podem ser utilizadas ferramentas e técnicas, as quais devem ser escolhidas conforme a necessidade. Seguem algumas:

- ✓ **Análise SWOT:** ajuda a identificar as forças, fraquezas, oportunidades e ameaças do novo produto em relação ao mercado e aos concorrentes.
- ✓ **Análise de mercado:** através de pesquisas de mercado, análise de tendências, estudos de público-alvo e pesquisa competitiva, o profissional de produtos pode obter informações valiosas sobre as preferências e necessidades dos consumidores, bem como sobre a concorrência.
- ✓ **Mapa de empatia:** ajuda a entender profundamente necessidades, desejos, motivações e expectativas dos consumidores em relação ao novo produto.
- ✓ ***Canvas* do modelo de negócio:** o *Business Model Canvas* serve para mapear e visualizar todos os aspectos relevantes do novo produto, incluindo segmentos de clientes, proposta de valor, canais de distribuição, fontes de receita e recursos-chave.
- ✓ **Testes e validação de conceitos:** é importante testar e validar o conceito do novo produto antes de investir recursos significativos em seu desenvolvimento,

como, por exemplo, testes de usabilidade, prototipagem rápida e testes A/B para obter *feedback* dos clientes.

- ✓ ***Roadmap* do produto:** um *roadmap* do produto é uma representação visual das principais etapas e marcos do desenvolvimento do produto ao longo do tempo. Ele permite ao profissional planejar e comunicar a estratégia de lançamento do produto, bem como priorizar recursos e atividades-chave.
- ✓ ***Agile***: metodologias ágeis, como o *Scrum*, podem ser utilizadas para o desenvolvimento do novo produto. Elas ajudam a gerenciar equipes multifuncionais, estabelecer *Sprints* de trabalho e realizar revisões e adaptações contínuas, facilitando a entrega de valor de forma iterativa e incremental.

Para exercer o papel de estrategista na área de produtos, o profissional precisará alinhar com sua liderança o seu nível de autonomia, pois, dependendo do cargo, poderá não ter alçada para decisões. Nesses casos, é importante aproveitar a oportunidade para colaborar e se desenvolver enquanto apoia seu líder na construção da estratégia.

9. *Soft*, *hard* e *power skills* do profissional de produtos

Fabiana Leite

Quais são as principais *skills* necessárias?

Rosental Alves, jornalista, em entrevista ao Portal Imprensa, disse que "somos a geração da transição" (RABINOVICI, 2022), pois estamos em um ecossistema onde as evoluções acontecem diariamente. Estamos em constante mudança e por isso **saber inovar não é opcional** nem para os profissionais e tampouco para as empresas – é uma questão de sobrevivência. Logo, numa transição de carreira ser inovador também é uma questão de sobrevivência.

Para "saber inovar" não basta um tipo de habilidade, pois na formação do profissional é necessário haver balanceamento entre *soft, hard e power skills*, que, juntas, preparam a transição de carreira.

A seguir apresentaremos as *hard skills* (conhecimento técnico) mais relevantes, mas não se limitando a estas:

- ✓ Conhecer gestão de produtos.
- ✓ Conhecer metodologias ágeis.
- ✓ Estruturar e priorizar o *backlog* – criação de histórias e critérios de aceitação.
- ✓ Planejar *Sprints* e *roadmap* de entregas associados à estratégia.
- ✓ Conhecer estratégias de negócios.
- ✓ Conhecer os indicadores de negócio e mensurar o resultado das entregas.
- ✓ Gerenciar *stakeholders*.
- ✓ Fazer *report* de resultados.

Mais detalhes sobre *hard skills* podem ser obtidos no livro "Jornada Ágil do Produto" (MUNIZ *et al.*, 2020).

No entanto, somente *hard skills* não é o suficiente. A capacidade de inovar exige outras *skills*, como uso das inteligências social e emocional, autoliderança, resiliência, trabalho em equipe e respeito ao próximo para busca de equidade. Assim, as competências comportamentais e emocionais (*soft skills*) são fatores importantes para o sucesso profissional.

No cenário pós-pandemia, as *soft skills* ficaram em evidência. Em discussões globais, algumas foram consideradas mais relevantes, ganhando o nome de *power skills*.

O especialista em carreiras Rafael Souto (2014), CEO da Produtive Carreira e Conexões com o Mercado, revela as quatro competências essenciais de *power skills*:

1. **Alfabetização sobre futuros:** num mundo em constante evolução é preciso ter liberdade para pensar em cenários. Essa *soft skill* refere-se à capacidade de saber imaginar o futuro para fazer escolhas no trabalho e na vida.
2. **Curiosidade:** é necessário ter curiosidade para saber escolher o futuro, explorar novas soluções, inovar e desenvolver o pensamento crítico. Para a Forbes (MULLANE, 2023), a curiosidade é uma *soft skill* essencial para a carreira: trata-se de observar algo, desenvolver uma hipótese e experimentar para entender se sua hipótese está certa e, em seguida, ajustar seu pensamento conforme necessário até chegar a uma "verdade".
3. **Confiança:** esta é abalada quando se tem menos conhecimento, afetando a autoconfiança e podendo causar ansiedade, estresse e atrapalhar o desempenho.
4. **Mentalidade de crescimento:** é estar sempre aprendendo por toda a vida para evitar ficar obsoleto. *Lifelong learning* se baseia em quatro pilares: aprender a conhecer; aprender a fazer; aprender a conviver; e aprender a ser.

E mais: segundo o relatório "The Future of Jobs" de 2023, do Fórum Econômico Mundial (WORLD ECONOMIC FORUM, 2023), as habilidades emocionais e sociais serão cada vez mais valorizadas pelos empregadores – e o **pensamento analítico** e o **pensamento criativo** tiveram destaque. Logo, se as *power skills* são fundamentais para o crescimento na carreira, é fácil compreender que o **autoconhecimento** e a **autogestão** são chaves para acessar as demais habilidades.

O livro "A coragem de ser imperfeito", de Brené Brown (2016), trata sobre como aceitar a própria vulnerabilidade e ousar ser quem você é. Ela revela três tópicos para identificar se é preciso focar na autodescoberta. São eles:

1. **Sentimento de insatisfação.**
2. **Questionamento interno** (busca por significado).
3. **Padrões repetitivos.**

É bom que você entenda o seu momento de transição de carreira, porque a **autodescoberta influencia na autoconfiança** e por consequência na disposição para trabalhar, na criatividade e na capacidade de criar ideias inovadoras. A psicóloga e pesquisadora de Harvard Amy Cuddy, em seu livro "O poder da presença" (2016), revela que está cientificamente comprovado que manter posturas "de poder" aumenta a autoconfiança e garante tranquilidade. Nesse estado mais calmo e seguro, você consegue ser autêntico, marcar presença, ser produtivo e exibir competências, mesmo em situações desafiadoras.

Essas *powers skills* de fato já estão refletindo nas contratações atualmente. O *blog* da Gupy (GUPY, 2023), empresa líder em tecnologia para RH no Brasil, revelou que as principais habilidades que uma empresa moderna busca no mercado de trabalho atualmente são: saber **interpretar cenários críticos**, ter **visão abrangente**, **projetar cenários futuros** com base em análises, usar a **criatividade** para chegar em soluções inovadoras, saber se **comunicar** e **fazer autogestão**, saber **colaborar**, ser capaz de **lidar com momentos de dificuldades** e **pressão** e ter **inteligência emocional** bem desenvolvida para enfrentar todos os desafios.

Por que inteligência emocional e inteligência social são importantes? Como elas podem apoiar na transição ou consolidação da sua carreira?

Conceito criado por Daniel Goleman (2012), a **inteligência emocional** é a **capacidade de lidar com os sentimentos** próprios e alheios. Diz respeito à habilidade de reconhecer, avaliar e regular emoções. Em momentos desafiadores, com inteligência emocional é possível **manter a produtividade e entregar resultados** de forma efetiva. Logo, essa é uma grande vantagem competitiva.

A **inteligência social** é a harmonia das **relações interpessoais e profissionais**. É sobre ter empatia para compreender e presença para ouvir e se comunicar em um diálogo aberto. É também sobre a capacidade de interagir, influenciar positivamente e motivar o outro, podendo criar um **ambiente colaborativo em qualquer contexto da vida**. Por isso, é a competência que amplia a relação com o mundo externo. Segundo Karl Albrecht (2006), a inteligência social é o "radar social", uma combinação de percepção, compreensão situacional, habilidade de interação e sensibilidade para as necessidades e os interesses das pessoas.

Por que a *skill* autoliderança é relevante para o profissional de produtos e como desenvolvê-la?

No mundo BANI, que em português significa frágil, ansioso, não linear e incompreensível, os profissionais precisam pensar rápido e ter habilidades para tomar decisões em contexto de alta incerteza. Com isso, são mais bem-sucedidos quando põem em prática atitudes e comportamentos de **autogestão** e de **liderança**, destacando-se por terem iniciativa, pela busca constante do autodesenvolvimento e de conseguirem atuar com mais independência e autonomia. Portanto, conseguem ser mais produtivos no trabalho, focando no que é relevante, resolvendo problemas de forma mais rápida e influenciando outros colaboradores pelo exemplo.

Diante do exposto até aqui, é fato que nesse movimento evolucionário do mercado de trabalho e das tecnologias mudam também as habilidades requeridas, e os profissionais precisam se manter atualizados, **aprimorando-se em algo que já conhecem,** ou **aprendendo novas habilidades.** O mercado chama isso de *upskilling* e *reskilling*, respectivamente.

De acordo com Athena Bastos (2022), ***upskilling*** é o **aprimoramento** de habilidades, competências e conhecimentos obtidos pela sua expansão ou atualização. Já ***reskilling*** é a **requalificação** (*reskill*) ou aprendizado de novas habilidades e competências. Investir de forma equilibrada entre aprimorar ou aprender algo deve fazer parte do seu plano estratégico de carreira.

O que Barack Obama, Walt Disney, Bill Gates e Oprah Winfrey têm em comum?

Em resumo, eles possuem a resiliência como ponto forte. Resiliência é a capacidade de lidar com problemas, resistir a pressões e superar os obstáculos. É a chave para continuar a trajetória de sucesso na carreira de produtos.

A seguir, alguns aprendizados que podemos ter com eles.

Barack Obama, ex-presidente dos Estados Unidos, imagem de equilíbrio e sensatez, diz que aprendeu a praticar a resiliência buscando não se lamentar nem comemorar demais, e em momentos de crise não buscar por culpados. Para ele, o cargo de liderança tem altos e baixos e o segredo está em ficar na zona "neutra" das emoções.

Walt Disney, empresário, sofreu com falta de dinheiro e golpe da concorrência. Seu diferencial para o sucesso foi a resiliência, desenvolvida da seguinte maneira:

1. Entendendo que a adversidade é oportunidade e que é preciso estar aberto para as mudanças.
2. É preciso sonhar e realizar: "se você pode sonhar, você pode fazer" e "a maneira certa de começar é parar de falar e começar a fazer".

Para **Bill Gates,** empresário, a resiliência vem da persistência, de não desistir se der errado na primeira vez. É importante tentar várias vezes porque a persistência é amiga da conquista. "Se você quer chegar aonde a maioria não chega, faça o que a maioria não faz".

Oprah Winfrey, apresentadora icônica, mulher de negócios bem-sucedida, dona de uma fortuna sem precedentes para sua profissão, usou a resiliência em sua própria vida: enfrentou e venceu o preconceito e superou traumas profundos.

Esses exemplos mostram que desafios virão na trajetória da vida e de carreira, e é pela resiliência que será possível superá-los. Seguem alguns pontos a serem trabalhados para desenvolvê-la:

1. Busque seu ponto de equilíbrio ("zona neutra").
2. Sonhe, mas tenha habilidades para realizá-los e comece com o que você tem.
3. Seja persistente.
4. Crie sua rede de apoio.

Considerações finais: por que a *skill* de "saber trabalhar em equipe" é tão importante?

Saber trabalhar em equipe é crucial para o resultado do seu trabalho, pois o sucesso de um produto e serviço depende da inteligência coletiva, que é a soma das competências individuais.

E como conseguimos a inteligência coletiva? Pela formação de redes de apoio em time multidisciplinares, contando com colaboradores próprios e terceiros da sua empresa.

Conclusão da Parte II

Na Parte II o leitor pôde conhecer mais sobre a área de produtos e do que é esperado de um profissional da área. Se você chegou até aqui, significa que está animado e curioso para materializar e iniciar a transição. É exatamente este o assunto da Parte III: vamos lá que você já está pronto para ela.

PARTE III.
COMO DEVO PLANEJAR E ACOMPANHAR A MINHA TRANSIÇÃO? (FERRAMENTAS E DICAS)

Como este livro tem o objetivo de explorar as teorias e o que existe de informação sobre a transição de carreira para a área de produtos, a terceira parte traz dicas de autores que já fizeram a transição ou que foram mentores, além de ferramentas fundamentais para manter o foco e obter sucesso. Você vai conferir a seguir essas experiências e algumas lições aprendidas.

10. Como criar o seu plano de transição

Carlos Eduardo Carvalho

Ferramenta: matriz de aplicação do plano de transição

Para ajudá-lo a organizar o seu plano de transição, trago a seguir uma tabela que auxilia na identificação da sua situação atual e aonde você quer chegar.

Tabela 10.1. Matriz de aplicação do plano de transição. Fonte: o autor.

Competência	Como estou?	Para onde vou?	Prazo?	Como? (plano de ação)
Raciocínio lógico				
Agilidade				
Experiência do usuário				
Análise de dados				
Resolução de problemas				
Colaboração				
Outros (listar e acrescentar linhas)				

Legenda: 0 – Não conheço. 1 – Conheço superficialmente. 2 – Conheço os conceitos, mas ainda não os apliquei na prática. 3 – Conheço os conceitos e pratico de forma inicial. 4 – Conheço os conceitos e pratico de forma consistente. 5 – Sou visto como referência nesses conceitos, tanto por conhecê-los quanto por aplicá-los.

Exemplo de aplicação

Ana é uma personagem fictícia, usada aqui para exemplificar a aplicação da matriz. Por mais de 10 anos ela se especializou na área de Direito, atuando em várias empresas multinacionais, com isso obtendo um *background* aprofundado e valorizado na área jurídica.

Por razões pessoais precisou pensar em uma transição de carreira, e surgiu uma oportunidade para atuar em uma *startup* que necessitava do seu *background* em Direito. Diante dessa oportunidade, Ana buscou formas de se preparar para assumir a vaga e exercer a função de *Product Manager.*

Competência	Como estou?	Para onde vou?	Prazo?	Como? (plano de ação)
Raciocínio lógico	3	4	6 meses	Inscrição no curso de formação em lógica
Agilidade	0	3	12 meses	Curso e certificação *Scrum Foundation* e *Product Owner Foundation*
Experiência do usuário	1	4	12 meses	Curso de pós-graduação em design de plataformas digitais
Análise de dados	0	3	18 meses	Curso básico de estatística aplicada a dados + *Power BI*
Resolução de problemas	3	5	6 meses	Leituras e mentoria profissional
Colaboração	2	4	12 meses	Leituras e mentoria profissional
Business Model Canvas e plano de negócios	1	4	12 meses	Curso de empreendedorismo e *lean startup*
Conhecimento em comércio exterior	3	5	6 meses	Avanço nos estudos em vigor sobre comércio exterior
Conhecimento em Direito Empresarial	4	5	6 meses	Finalização da pós-graduação

Ana decide então priorizar ações e montar um plano que terá três horizontes. Durante três semestres ela projetou metas para avançar nos pilares que julgou necessários para estar bem estabelecida e aceita como uma *Product Manager* de uma *startup* cujo modelo de negócios é de plataforma. Um mundo novo para ela, ao mesmo tempo gerando o desconforto da mudança e a vontade de se transformar.

O que mantém Ana motivada e confiante, e que deve ser um alicerce para todos que querem fazer a transição, é o conhecimento profundo do seu setor (direito empresarial focado em comércio exterior) e de como usuários e clientes pensam e demandam soluções. Ana já sofreu bastante como cliente de consultorias e empresas de aplicativo que ofereciam produtos cuja proposta de valor era similar.

Esse conhecimento acumulado é a grande força da sua avaliação para o plano de transição. As demais novas habilidades e capacidades serão desenvolvidas com o tempo, de acordo com a agenda projetada. Ana hoje entende bem qual é a sua **atual prontidão digital** para trabalhar em uma *startup* e, mais importante, sabe o que precisa fazer para atingir a **prontidão digital ideal**.

11. Fractal do Conhecimento

Analia Irigoyen

Considerando que o nosso orçamento e tempo são limitados, o grande desafio de uma transição de carreira é saber priorizar treinamentos e estudos que agreguem valor e que nos façam conseguir oportunidades enquanto ainda estamos aprendendo.

A ferramenta Fractal do Conhecimento, Figura 11.1, é uma planilha para apoiar no seu planejamento. Ela não só me auxiliou, como também ajudou os meus times a priorizar treinamentos e leituras, acelerando assim os resultados.

Vamos entender um pouco mais sobre ela?

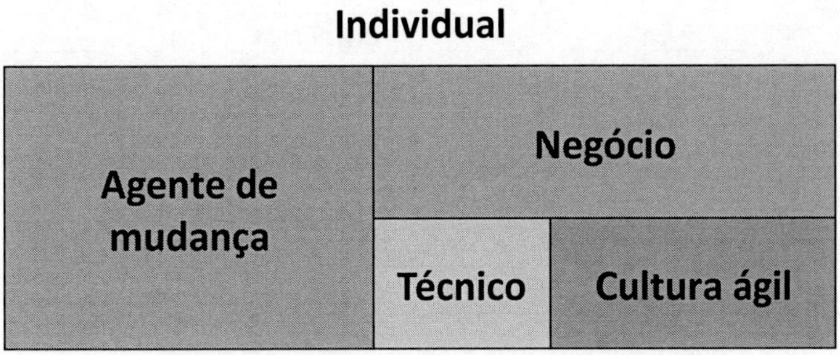

Figura 11.1. Exemplo de um fractal do conhecimento.
Fonte: a autora.

Entendendo e adaptando o *checklist* de treinamentos e habilidades

Antes de iniciar o uso do *checklist* é importante definir quais são os itens de conhecimento necessários para se tornar um especialista na área de produtos. Neste *checklist*, as áreas de conhecimento foram definidas com base em um trabalho realizado em três organizações e oito times: conhecimento no negócio, conhecimentos para ser um agente de mudança, conhecimentos para promover uma cultura colaborativa e conhecimento técnico (Figura 11.2).

No trabalho dos oito times, foram usados diversos *checklists* com itens específicos para cada função de um time *Scrum* (*Product Owner*, *Scrum Master* e Time). Neste capítulo foram detalhados somente os itens de habilidade/conhecimento referentes ao papel de *Product Owner* (Figura 11.2).

Você aplicará a ferramenta olhando apenas para você, individualmente, mas ela pode ser usada para uma equipe inteira, assim como fiz no trabalho com oito times.

De todo modo, é importante ressaltar que você deve revisar e adaptar esse *checklist* conforme o cargo desejado.

	Habilidades
Negócio	Estabelecer metas
	Modelar o negócio
	Técnicas de fatiar histórias
	Técnicas de ROI (*business value*) e priorização
	Elaborar diagramas essenciais
	Validar artefatos de negócio
Agente de mudança	Ferramentas
	Técnicas para desenvolver times empoderados
	Técnicas para entender o perfil comportamental
	Métricas
	Coach
Cultura ágil	Motivação
	Melhoria contínua
	Facilitação
	Liderança
	Métodos ágeis
	Estimativas
Técnico	Desenvolvimento
	Integração contínua
	Técnica de testes automatizados (unidades, cobertura de testes, *clean code*)
	Testes funcionais tradicionais
	Técnicas para testes não funcionais
	Revisão de código
	Jenkins

Figura 11.2. Áreas de conhecimento e itens do *checklist* utilizados em oito times de três organizações diferentes.
Fonte: a autora.

Para que seja possível ter um diagnóstico da sua proficiência atual em cada área de conhecimento referente ao *Product Owner*, identificando lacunas e *gaps*, é usado o gráfico do fractal (Figura 11.1).

O fractal utilizado no desenvolvimento das suas capacidades é um retângulo com quatro subáreas, cada uma identificada por uma cor e representando parte do conhecimento requerido para um *Product Owner*. São elas:

- ✓ **Verde:** negócio
- ✓ **Azul:** agente de mudança
- ✓ **Roxa:** Cultura ágil
- ✓ **Laranja:** técnico

Essas áreas podem ter tamanhos diferentes, e dizemos que o fractal está equilibrado quando todas as subáreas têm o mesmo tamanho. Para definir o tamanho de cada subárea, o Excel calcula automaticamente uma escala que é proveniente das respostas dadas no *checklist*.

Na Figura 11.3, gráfico de barras, observe os índices de cada coluna que representam as subáreas alvo do seu plano de priorização de estudos. Antes de julgar um ponto forte ou fraco, é preciso criar o seu próprio gabarito de *skills* requeridos para a posição de *Product Owner* almejada, conforme a configuração da empresa, e então salve como uma meta e persiga-a para obter os resultados.

No exemplo da Figura 11.3, o profissional tem como pontos fortes as subáreas de negócio, agente de mudanças e cultura ágil, as quais na empresa dele são requisitos para exercer a posição de *Product Owner*. Ele tem apenas 33,33% de conhecimento técnico, o que pode ser o requerido na subárea, e assim não é um ponto fraco, não é o objetivo se aprofundar tanto no técnico.

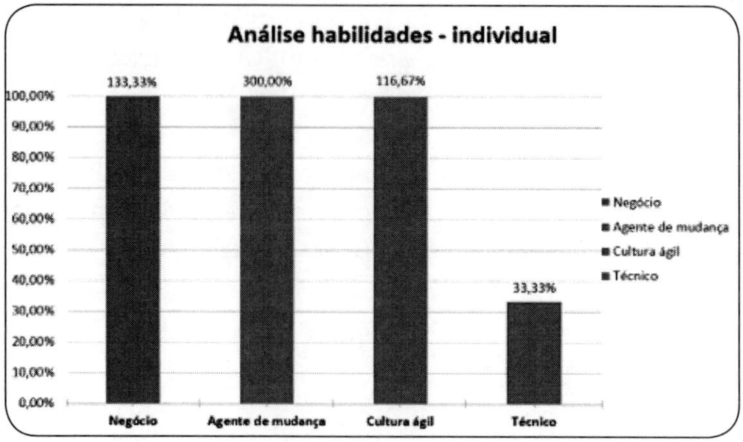

Figura 11.3. Exemplo de um gráfico para *Product Owner*.
Fonte: a autora.

Já na Figura 11.4 podemos observar um exemplo de um membro do time que possui pontos de melhorias em diversas áreas de conhecimento para se tornar um *Product Owner*. Observe que na subárea "Negócio" a avaliação é "Na maioria das vezes", e em "Cultura ágil" a avaliação é "Às vezes" em todas as habilidades – logo, são pontos de melhoria a serem trabalhados.

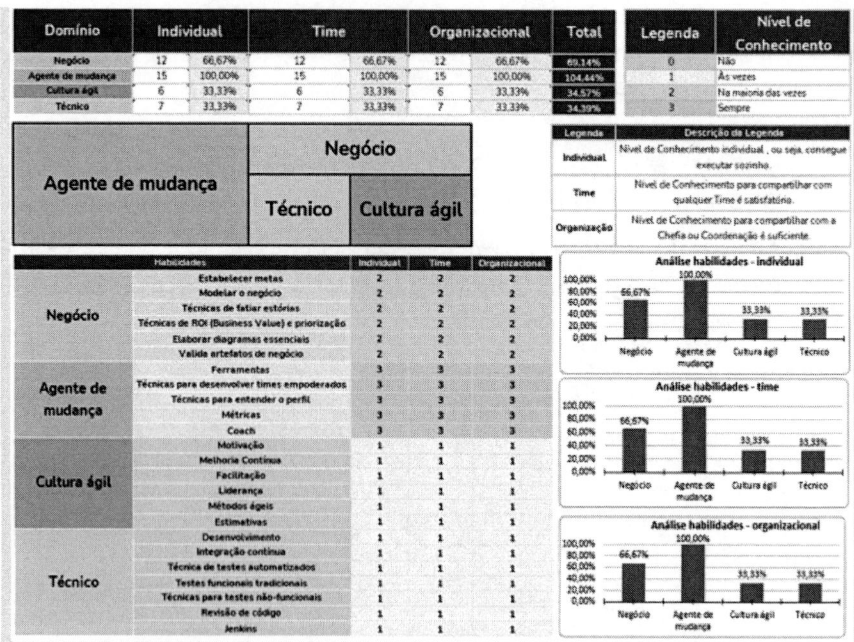

Domínio	Individual		Time		Organizacional		Total
Negócio	12	66,67%	12	66,67%	12	66,67%	69,14%
Agente de mudança	15	100,00%	15	100,00%	15	100,00%	104,44%
Cultura ágil	6	33,33%	6	33,33%	6	33,33%	34,57%
Técnico	7	33,33%	7	33,33%	7	33,33%	34,39%

Legenda	Nível de Conhecimento
0	Não
1	Às vezes
2	Na maioria das vezes
3	Sempre

Legenda	Descrição da Legenda
Individual	Nível de Conhecimento individual , ou seja, consegue executar sozinho.
Time	Nível de Conhecimento para compartilhar com qualquer Time é satisfatório.
Organização	Nível de Conhecimento para compartilhar com a Chefia ou Coordenação é suficiente.

Habilidades		Individual	Time	Organizacional
Negócio	Estabelecer metas	2	2	2
	Modelar o negócio	2	2	2
	Técnicas de fatiar estórias	2	2	2
	Técnicas de ROI (Business Value) e priorização	2	2	2
	Elaborar diagramas essenciais	2	2	2
	Valida artefatos de negócio	2	2	2
Agente de mudança	Ferramentas	3	3	3
	Técnicas para desenvolver times empoderados	3	3	3
	Técnicas para entender o perfil	3	3	3
	Métricas	3	3	3
	Coach	3	3	3
Cultura ágil	Motivação	1	1	1
	Melhoria Contínua	1	1	1
	Facilitação	1	1	1
	Liderança	1	1	1
	Métodos ágeis	1	1	1
	Estimativas	1	1	1
Técnico	Desenvolvimento	1	1	1
	Integração contínua	1	1	1
	Técnica de testes automatizados	1	1	1
	Testes funcionais tradicionais	1	1	1
	Técnicas para testes não-funcionais	1	1	1
	Revisão de código	1	1	1
	Jenkins	1	1	1

Figura 11.4. Pontos de melhoria observados em um membro do time.
Fonte: a autora.

Cada item de habilidade incluído no formulário passa a formar a expectativa de conhecimento do fractal. O seu gabarito, listado na Figura 11.4, se avaliado com notas baixas, mostrará os *gaps* de conhecimento.

Cada critério deve ser avaliado em três dimensões:

- ✓ **Individual:** como você mesmo se observa.
- ✓ **Time:** como você se observa no Time.
- ✓ **Organizacional:** como você se observa na organização.

Nesse sentido, pode ser que você tenha conhecimentos sólidos individualmente, por exemplo, mas não consegue passar para o Time. E um importante *skill* para um *Product Owner* é saber disseminar conhecimentos do negócio para o Time e para a organização.

Você pode considerar os seguintes níveis de conhecimento para cada critério:

- ✓ **Não**
- ✓ **Às vezes**
- ✓ **Na maioria das vezes**
- ✓ **Sempre**

Para exemplificar, vamos supor que você esteja avaliando suas habilidades de "Fatiar histórias":

- ✓ **Não conhece as técnicas de fatiar histórias:** então você preencherá este item com a opção "Não" na coluna "Individual", "Time" e "Organização".
- ✓ **Conhece a técnica de fatiar as histórias e tem a habilidade de explicar para o Time na maioria das vezes:** a seu critério e conforme sua autoavaliação, você poderá ter os seguinte resultados a preencher: supondo que você sempre consegue executar sozinho a técnica, marque "Sempre" na coluna "Individual"; analisando sua performance na colaboração com o Time, caso consiga ensinar para os colegas com frequência razoável, então marque "Na maioria das vezes" na coluna "Time"; caso não saiba praticar e difundir a técnica no nível organizacional, como, por exemplo, ministrar treinamentos, marque a opção "Não" na coluna "Organização".
- ✓ **Conhece a técnica e já a executou a nível organizacional:** você poderá marcar "Sempre" na coluna "Organização".

Cada uma das respostas tem uma pontuação que viabiliza o cálculo automático do Fractal do Conhecimento na planilha. Por exemplo:

- ✓ **Não:** pontuação "0" quando você não tem conhecimento e prática.
- ✓ **Às vezes:** pontuação "1" quando você tem pouca prática.
- ✓ **Na maioria das vezes:** pontuação "2" quando você tem prática intermediária.
- ✓ **Sempre:** pontuação "3" quando você conhece e já executa a técnica/conhecimento.

É importante que você inicie o seu ciclo de aprendizado pelos itens que você não tem conhecimento e depois trace metas e desafios para melhorar sua interação com o time e obter experiências.

Quando realizar treinamentos e adquirir experiências, atualize o seu *checklist* e o seu fractal, até que ele represente o que é esperado de um *Product Owner*, considerando as áreas de conhecimento conforme o seu gabarito planejado.

Caso tenha alguma dúvida ou queira trocar ideias, entre em contato!

A ferramenta do Fractal do Conhecimento está disponível em Excel em:

**Figura 11.5. Acesse <https://docs.google.com/spreadsheets/d/10RhlaU
E1WDMy90v89CKccUDwqx1TZT_y/edit#gid=416102406>**

12. A orientação de um mentor na transição de carreira

Francisco Medeiros

A transição de carreira é um movimento que certamente gera insegurança em todos nós: não sabemos se conseguiremos atingir as nossas próprias expectativas ou até mesmo se iremos atender às expectativas de quem está depositando confiança em nós e apostando que seremos capazes de executar um novo papel, papel este que não dominamos. Se você se encontra nesse cenário, muito provavelmente o primeiro passo a ser dado logo após você decidir fazer a transição de carreira é buscar um mentor.

Mas encontrar um bom mentor é um tanto quanto difícil. Isso porque assumir o papel de mentor exige dispor de tempo e energia, se comprometendo com uma relação de parceria, orientação e acompanhamento. Ter alguém que possa ajudá-lo a fazer essa transição irá garantir que você aprenda os pontos positivos e negativos dessa nova carreira, além de desempenhar um papel significativo no sucesso geral da sua carreira. É fundamental que essa pessoa seja alguém na qual você possa depositar sua total confiança, alguém que confie em sua capacidade e alguém que irá comemorar cada pequena etapa que você conquistar.

Muitas vezes encontramos pessoas que usam os termos *coaching* e *mentoring* como sendo sinônimos, no entanto, embora compartilhem objetivos comuns que incluem aprendizado, desenvolvimento de carreira e ações para ajudá-lo a ter um melhor desempenho, suas definições, prioridades, funções, métodos e ferramentas são diferentes.

O que é *coaching*?

Segundo Jenny Bird e Sarah Gornall (2015), *coaching* é uma estratégia prática que ajuda alguém a alcançar os resultados que eles próprios identificam. Os resultados podem ser sobre percepções e crenças, bem como sobre comportamentos observáveis e ações concretas. O *coaching* leva ao *insight*, à descoberta e ao avanço, alinhado com a singularidade do indivíduo, sua compreensão do mundo, valores e preferências. O relacionamento é a base do seu sucesso.

O que é *mentoring*?

Segundo Lois J. Zachary (2013), a mentoria é um processo no qual um indivíduo experiente ajuda outra pessoa a desenvolver seus objetivos e habilidades por meio de uma série de conversas confidenciais e individuais por um tempo limitado e outras atividades de aprendizado.

Mentoring é o processo de transferência de experiência vivida por uma pessoa, no caso o mentor, para alguém inexperiente, o mentoreado. Trata-se do mentor compartilhando suas experiências, conhecimentos e habilidades, ao mesmo tempo em que oferece ao mentoreado opiniões, orientações, conselhos, suporte e *feedbacks* necessários para este prosperar em sua carreira.

Como a mentoria é diferente?

Enquanto o *coaching* trata de fornecer um espaço seguro para apoiá-lo em uma jornada de autodescoberta e autoconhecimento, o *mentoring* é focado em transferir aprendizados específicos de uma pessoa experiente para alguém que deseja se desenvolver uma área específica de interesse. No *mentoring*, por exemplo, ao iniciar a sua jornada como *Product Owner*, você deve ser orientado por um *Product Owner* mais experiente, que lhe dará orientações e um direcionamento.

No *mentoring*, não há um tempo predeterminado de quando a jornada irá acabar. É um processo mais informal, ao contrário do *coaching*, que possui uma estrutura de encontros por um período de duração bem definido.

Para quem deseja realizar uma transição de carreira, o processo de *mentoring* é o mais adequado, por adotar uma abordagem mais holística que o orienta no desenvolvimento de sua carreira.

Por que é importante ter um mentor?

Segundo Yuval Noah Harari (2018), se você se apegar a qualquer tipo de identidade, emprego ou visão de mundo estável, corre o risco de ficar para trás enquanto o mundo avança. Para se manter social e economicamente relevante, é preciso ser capaz de aprender e se reinventar constantemente. Se você chegou em um momento da sua vida em que não consegue avançar sozinho ou não tem conhecimento algum sobre qual caminho seguir, ter um mentor será algo bastante útil.

Existem muitas áreas interessantes de aprendizagem e é fácil se perder dentre tantas opções. Ser mentoreado lhe permite ter uma troca regular de ideias e *feedbacks* com o seu mentor sobre perspectivas diferentes dos seus planos e desenvolvimento.

É a aprendizagem de novas competências e comportamentos, a identificação de pontos cegos e a constante expansão do conhecimento existente. A mentoria e o *coaching* são, portanto, métodos de aprendizagem altamente eficazes que melhoram significativamente o desenvolvimento pessoal e o desempenho.

A mentoria pode ajudar as pessoas a lidar com situações em que lhes falta confiança porque nunca o fizeram antes ou porque precisam de *feedbacks* constantes que permitam tal crescimento. É através da mentoria que você irá melhorar as suas capacidades interpessoais e criará confiança. Isso implica explorar a sua zona de conforto, expandindo-a passo a passo. Ter um mentor o ajudará a evitar cair em armadilhas muito comuns.

Vejamos por que a mentoria pode ser um importante diferencial nas transições de carreira.

- ✓ **Contato frequente:** manter contato regular com o seu mentor é muito importante e não deve ser feito apenas quando você necessita desesperadamente de algum conselho. Certifique-se apenas de fazer isso em um horário agendado e que seja conveniente para ambas as partes. Pode ser uma vez por semana, quinzenalmente ou sempre que for necessário. Haverá momentos em que vocês poderão se encontrar fora do ambiente de trabalho, como, por exemplo, durante eventos que dizem respeito à carreira escolhida ou até mesmo em uma lanchonete para orientação sobre uma determinada situação. Durante o encontro, você receberá conselhos e contribuições que o ajudarão a subir até o topo cometendo o mínimo de erros possíveis, erros estes que seu mentor cometeu e que você pode agora evitar.
- ✓ **Construção de *networking*:** *networking* é um dos muitos aspectos importantes do mundo dos negócios. Após anos de trabalho árduo, seus mentores provavelmente conseguiram construir suas próprias redes profissionais que o ajudaram a avançar em suas carreiras. Simplesmente fazer com que eles o

apresentem a outras pessoas pode criar novos relacionamentos, e você poderá construir a sua própria rede de contatos ou conhecer outros mentores. Dessa forma, potencialmente, outras portas se abrirão tanto para novas oportunidades profissionais quanto para troca de experiências. Outro benefício de ter acesso a essa vasta rede é encontrar outros mentores, investidores, parceiros e muito mais. Lembre-se, você não deve confiar demais em seus mentores, você precisa construir sua própria rede com essas pessoas. Dessa forma, você pode potencialmente abrir portas não apenas para você, mas também para compartilhar com os outros quando se tornar um profissional.

✓ **Foco permanente:** haverá dias em que você terá dificuldade de se concentrar no trabalho. Isso pode ser devido a uma série de razões, desde apenas um dia ruim ou mesmo problemas que o impeçam de avançar em um de seus projetos. Esse é um bom momento para entrar em contato com um mentor. Ele poderá dar conselhos sobre o que você deve fazer durante esse período difícil ou simplesmente escutar você sobre alguma frustração acumulada na esperança de que ela desapareça – aproveite para desabafar. Independentemente dos desafios que enfrenta atualmente, seu mentor poderá lhe dar uma nova perspectiva da sua situação atual e oferecer uma resposta que pode não ter passado pela sua cabeça.

✓ **Encorajamento e inspiração:** todo mundo tem seus dias bons e ruins. Quando algo de bom nos acontece, é incrível a sensação de compartilhar, principalmente quando você recebe apoio e encorajamento para dias ainda melhores na sua vida. Por exemplo, digamos que você conseguiu vender uma ideia de projeto para o *C-Level*. O executivo gostou tanto que o definiu como o seu próximo grande trabalho. Compartilhe a sua conquista com seu mentor; ele não somente ficará orgulhoso de sua conquista, como também o encorajará. O papel do seu mentor também será de dar conselhos sobre como utilizar essa conquista para desenvolver outros projetos. Se tiver receio de tentar a sua sorte e falar com o seu superior, não se preocupe, peça conselhos ao seu mentor. Ele poderá ajudá-lo na escolha das palavras certas, construindo junto com você uma estratégia que o deixará em uma posição mais confortável, segura e confiante. Quando algo de ruim acontece, uma conversa com seu mentor poderá levantar você. No pior dos casos, ele irá ensinar você a lidar melhor com essa questão caso seja algo fora do seu controle.

✓ **Conhecimento:** um mentor poderá orientá-lo sobre as oportunidades de trabalho existentes. Por ser uma pessoa experiente e ter um conhecimento amplo sobre o mercado, ele poderá ter informações importantes sobre as empresas que forem de seu interesse. Pode ainda orientar sobre cursos profissionalizantes e programas de treinamento disponíveis que estão relacionados à carreira que você pretende seguir. Por exemplo, os contatos do seu mentor podem informá-

-lo sobre futuras vagas de emprego numa determinada empresa, ajudá-lo a se preparar para entrevistas e dar uma visão pessoal sobre a cultura e como a empresa funciona. Não apenas isso: você poderá receber vários *insights*. Por exemplo, digamos que você decidiu trabalhar em finanças. Seu mentor pode orientá-lo sobre qual empresa tem a melhor reputação e quais devem ser evitadas. Ele pode fornecer uma série de informações que normalmente levariam anos para alguém reunir, permitindo que você se coloque em uma posição melhor e preparada. Portanto, dedique algum tempo para capturar esses *insights* e aplicá-los adequadamente.

✓ ***Feedbacks***: os mentores podem ser uma fonte incrível de *feedback*, tanto positivo como negativo. As avaliações trimestrais e anuais podem fornecer uma certa quantidade de informação, mas geralmente não oferecem o nível de informação pessoal e significativa que pode ser útil para o desenvolvimento da carreira. Ter um mentor imparcial e disposto a trabalhar na sua transição de carreira irá ajudá-lo a compreender como as coisas realmente funcionam. Os mentores fornecerão comentários um pouco mais duros sobre as suas ideias e apontarão as suas fraquezas pessoais que precisam ser eliminadas. Um mentor é também uma pessoa que pode ajudá-lo a decidir qual caminho seguir numa dada situação. Para ele, será possível fazer perguntas que talvez você nunca faria ao seu chefe. Ele também pode oferecer sugestões para aperfeiçoar as suas ideias e ajudar a elaborar um plano eficaz ou eficiente para atingir as suas metas.

✓ **Apoio em suas iniciativas**: os mentores também podem fornecer apoio emocional. Muitas pessoas tendem a desistir da transição de carreira após algum tempo tentando. Um mentor pode acender a sua chama interior e fornecer uma inspiração importante para esse processo. Sentir que alguém se preocupa com você também irá aumentar a sua confiança, impedindo-o de desistir do seu objetivo principal. Apresentar uma ideia ou proposta se torna mais fácil quando há um grande mentor o apoiando. Não só isso, mas ser elogiado por um trabalho bem-feito pode fazer uma pessoa se sentir bem. Os mentores sabem como aceitar a derrota de um trabalho que fracassou: ele juntará as peças e o ajudará a recomeçar. Ele ensinará você a aprender com os seus erros, a seguir em frente e usá-los como motivação para melhorar sempre.

✓ **Novas habilidades**: muitos mentores têm uma gama de habilidades em áreas que podem beneficiar você no processo de aprendizagem. Lembre-se de que o seu mentor está no jogo há mais tempo do que você e poderá ajudá-lo a aperfeiçoar as habilidades necessárias para você ter sucesso em sua transição de carreira, aplicando-as de forma mais eficaz. Ter um mentor para guiar você na transição de carreira pode realmente fazer com que as coisas ocorram sem problemas. Eles possuem muita experiência e podem fornecer informações sobre a profissão que escolheu. Isso não só lhe dará a oportunidade de assumir uma nova carreira, como também assegurará que estará bem preparado para qualquer situação.

Tipos de mentoria

1. ***One-on-one***: este é o modelo tradicional de mentoria, em que o mentor, como a pessoa mais experiente na área de interesse do mentoreado, atua como orientador. Entretanto, mesmo que o foco principal seja no mentoreado, o mentor também pode se beneficiar desenvolvendo habilidades de liderança ou aprendendo algo.
2. **Par:** neste modelo de mentoria, o processo de mentor e mentoreado ocorre por meio de um revezamento entre pares com o objetivo comum de compartilhar suas experiências e conhecimentos, criando assim um ambiente de aprendizado coletivo e responsabilidade mútua.
3. **Grupo:** a mentoria em grupo ocorre quando um mentor orienta duas ou mais pessoas. Nesse modelo, os membros do grupo procuram ajudar uns aos outros para que todos permaneçam no caminho certo. A mentoria em grupo tem como benefícios o trabalho em equipe, o suporte e a inclusão, características que facilitam a integração da equipe.
4. **Reversa:** trata-se do oposto da mentoria tradicional. Ela ocorre quando alguém mais jovem orienta uma pessoa de senioridade maior. Esse processo é muito comum nos dias de hoje devido à velocidade com que as informações são dispostas e novas tecnologias, metodologias e *frameworks* surgem. A pessoa mais experiente reconhece que necessita preencher essas lacunas de conhecimento e pode obter o aprendizado através desse tipo de mentoria.
5. ***Flash***: trata-se de sessões rápidas destinadas ao aprendizado de uma habilidade específica. É um tipo de mentoria muito útil para o compartilhamento de conhecimento sem a necessidade de construção de um relacionamento de longo prazo. Pode também ser um experimento que precede e ajuda na tomada de decisão para que o mentor e o mentoreado decidam se comprometer com um relacionamento de mentoria de longo prazo.
6. **Equipe:** semelhante à mentoria em grupo, porém, em vez de possuir um único mentor, a mentoria em equipe possui vários mentores que trabalham em conjunto para mentorear toda a equipe. Nesse cenário, os mentoreados possuem metas de desenvolvimento e objetivos compartilhados, os quais serão trabalhados em conjunto com a orientação de dois ou mais mentores. É um tipo de mentoria que permite o aprendizado por perspectivas diferentes.

Escolhendo um mentor

1. Um dos aspectos mais importantes é encontrar uma pessoa em quem você confie. Esta é uma boa base para se abrir e falar sobre seus pontos fracos, pontos de melhoria e desafios que você deseja superar.
2. A construção de relacionamentos e habilidades interpessoais é crucial nesse contexto. Como é uma coisa muito individual, preste atenção no seu pressentimento. Quem você procura em sua rede para ser seu mentor? Essa pessoa tem um interesse sincero e profundo em ajudá-lo a crescer? Tenha certeza de que a pessoa irá orientá-lo com dedicação.
3. O *mentoring* deve ser construído com base em conselhos sólidos e concretos, orientação e experiência em primeira mão. Seu mentor precisa ter o conhecimento e as habilidades na área em que você pretende trabalhar.
4. Por último, mas não menos importante, seu mentor deve firmar um compromisso e se dedicar por um longo prazo. Com base na minha experiência pessoal, uma energia motivadora e encorajadora ajuda a apimentar sua jornada de desenvolvimento. Um bom mentor é alguém que tem a mente aberta e que também quer aprender com você. O relacionamento entre mentor e mentoreado nunca deve ser uma via de mão única.

Diariamente deparamos com um mercado repleto de novas vagas de trabalho, em que você precisa não somente almejar essas oportunidades, mas estar preparado para agarrá-las. Com tantas opções disponíveis, pode ser difícil e até mesmo arriscado tomar uma decisão sem uma orientação adequada. Por isso, é fundamental que você tenha um mentor ao seu lado para ajudá-lo a traçar o seu próprio caminho e assim tomar a melhor decisão possível.

Com a presença de um mentor experiente, o seu caminho durante uma transição de carreira será mais tranquilo. Seu mentor o guiará por todo o processo, fornecendo um leque de benefícios e se certificando de que você esteja bem preparado para lidar com todos os desafios que o aguardam ao alcançar a carreira desejada.

13. Passo a passo para mudar de carreira sem precisar mudar de empregador

Juarez Barreto Azevedo
Rafael Ferreira Bittencourt

Com o olhar estratégico para o negócio da companhia e um raio X na sua estrutura organizacional, olhando as caixinhas do organograma, as quais representam as responsabilidades que são depositadas nos executivos, entenda onde a empresa investe energia para gerar resultados. Perceba qual dessas caixas da estrutura organizacional mais tem relação com a atividade fim que você quer realizar. Ou seja, se na sua empresa existe uma área chamada "Produtos", é para lá que você deve apontar a sua energia e estratégia, como uma bússola.

Identificando aliados e âncoras

Caro leitor, torcemos para que você esteja entre líderes inspiradores, que se importam e desejam o seu crescimento, ainda que isso custe para o seu líder perder você, ter que recrutar outra pessoa e capacitá-la para continuar realizando as entregas da empresa. Porém, a realidade geralmente é de defesa de talentos, e isso pode fazer com que o seu crescimento se torne dependente da generosidade do seu líder – então você passa a ter uma carreira de esperança e não exerce seu papel de dono da carreira.

Diante disso, é importante que as lideranças da sua empresa saibam do seu desejo e façam parte da sua base de aliados de ouro. Para consolidar essa aliança, é necessário que sua proposta esteja minimamente estruturada: materialize o seu plano de carreira e compartilhe com a liderança atual e das áreas onde deseja atuar.

Um dos fatores que podem atrasar a sua transição de carreira é quando as atividades que você executa diariamente são importantes para o atingimento das metas do seu setor. Nesse caso, a empresa tende a querer mantê-lo na posição atual, evitando que a sua saída leve a perdas. A dica é conseguir ter os processos que você executa documentados, formar uma pessoa no time para conduzir as suas entregas, sempre alinhando com seu líder imediato. Assim, seus processos não serão suas âncoras.

Muitas vezes o líder quer ajudar você, mas dependerá de tempo para planejar a sua transição a fim de não desestruturar o setor em que você está inserido. Será uma colaboração mútua entre vocês, e esse acompanhamento pode ser feito no *one-on-one* ou com *feedbacks* informais a serem realizados ao longo do ano. Conforme Manfredini (2019), se você se mostrar flexível, o seu líder fará o possível para mantê-lo na empresa.

No ambiente de trabalho, afaste-se de pessoas invejosas, medrosas ou negativas. Elas só irão atrapalhar, contaminando outros que poderiam ajudar em sua transição e falando negativamente dos seus planos. Evite compartilhar seus sonhos com esse tipo de pessoa.

Construindo *networking* na área para a qual você deseja ir

Para que você tenha aliados e também consiga aprender mais sobre a atividade de produtos, comece a se relacionar mais com as pessoas que já trabalham na área. Como diz o velho ditado, águias voam com águias.

Crie mecanismos, rotinas e hábitos, inclusive fora do escritório, para estabelecer vínculos com pessoas que possam contribuir para a sua carreira e o seu aprendizado. Para se aproximar, entre em contato com uma pessoa da área e diga que você tem um grande interesse em conhecer as atividades da área de produtos e que se possível gostaria de agendar um dia para acompanhar os desafios da área. Faça isso com mais de um profissional que você admire.

É muito importante também manter esse *networking* ativo. Crie momentos como um almoço, um café, uma conversa de corredor etc. Nessas oportunidades, construa uma relação de confiança, demonstre interesse e ofereça ajuda, como, por exemplo, apoiar em uma atividade que faça sentido para o momento, ou pedir para participar da sessão de refinamento como convidado observador, ou de sessões de *discovery* como especialista técnico que você já é em sua área para poder contribuir. Não perca nenhuma oportunidade de aproximação com pessoas da área de produtos.

Comunicando explicitamente para o seu chefe o seu interesse em uma transição de carreira

A depender do ambiente da sua empresa e das políticas do departamento de pessoas, você poderá se inscrever em vagas, mas saiba que, por mais que o ambiente disponibilize essas oportunidades, se você não fizer um alinhamento com seus líderes imediatos você poderá não continuar nos processos internos.

Também acontece o inverso: você não se candidatou, mas como fruto do seu *networking* com a área de interesse você poderá ser procurado. Nesse caso geralmente o seu chefe é avisado, e estar alinhado será determinante para a decisão. Dependendo da ordem dos fatos, pode ocorrer de você sequer ficar sabendo que teve uma oportunidade.

Diante disso, comunique claramente ao seu líder sobre o seu interesse de migrar para outra área, inclusive se você já tiver conversado com o setor de interesse, para que sejam evitadas conversas paralelas que possam desabonar a sua candidatura.

Durante a comunicação com o seu líder, como explicado por Carnegie (1995), comece a conversa sempre de forma amigável, com um sorriso no rosto. Fale primeiramente dos pontos em comum, seja claro e conciso, mantenha a calma, tenha empatia, cuide do tom de voz e seja transparente e adaptável.

Decidindo perseverar na empresa atual ou pivotar para o mercado

Você deve decidir quanto tempo irá apostar em seu crescimento dentro da empresa atual, e essa decisão deve estar alinhada com o seu plano de transição de carreira. Caso perceba que não haverá crescimento dentro do prazo que você estabeleceu, então é provável que tenha chegado a hora de começar a olhar as oportunidades no mercado de trabalho.

Às vezes não queremos abandonar a empresa onde estamos acomodados, mas isso não pode ser uma âncora. É preciso ter clareza do que se realmente quer. Ninguém realizará seu sonho a não ser você mesmo, é na mudança que as coisas acontecem.

14. Cursos livres, pós-graduação, certificações: prós e contras

Margareth Fabiola dos Santos Carneiro
Carlos Eduardo do Nascimento
Rafael Ferreira Bittencourt
Juarez Barreto Azevedo

Certificações relevantes e como afetam a transição de carreira

Começamos afirmando que as certificações, por si só, não asseguram a transição de carreira. Elas não são obrigatórias, bem como não garantem a eficiência e eficácia na realização das atividades. Entretanto, fazem parte da base de conhecimento para o profissional se sentir seguro diante das oportunidades no processo de transição e dos desafios do novo cargo. Ademais, empresas e recrutadores valorizam as certificações, por isso elas devem estar no seu plano.

A certificação é um atestado que informa que o indivíduo possui conhecimento sobre ferramentas, protocolos, métodos, funções e atividades. Quanto mais exigente for a certificadora, maior a credibilidade.

As provas de certificação trazem questões sobre um contexto e, portanto, a teoria e a prática irão ajudar a respondê-las.

Existem certificações bastante conhecidas no mercado:

Tabela 14.1. Certificações.
Fonte: os autores.

Certificação	Instituição certificadora	Nível
Certified Scrum Product Owner (CSPO)	Scrum Alliance	Iniciante
Professional Scrum Product Owner (PSPO I)	Scrum.org	Iniciante
Professional Scrum Product Owner (PSPO II)	Scrum.org	Intermediário
Professional Scrum Product Owner (PSPO III)	Scrum.org	Avançado
Agile Scrum Product Owner	EXIN	Iniciante
SAFe® *Product Owner/Product Manager* (POPM)	SAFe®	Iniciante

Possíveis barreiras enfrentadas na ausência das certificações

Não ter certificações no currículo pode diminuir as oportunidades de ocupar vagas em excelentes empresas, além de criar um obstáculo para o crescimento da carreira profissional e a obtenção de melhores cargos e salários.

A falta de uma certificação pode impor barreiras ao profissional, tais como:

- ✓ Não passar a confiança de que tem domínio sobre a função, o *framework*, a metodologia e as ferramentas.
- ✓ As empresas geralmente usam a certificação como um dos filtros. A ausência pode fazer com que o candidato deixe de participar dos processos, mesmo que possua todos os outros pré-requisitos para ocupar a vaga.
- ✓ Passar a impressão de que não está atualizado com o mercado.
- ✓ Perder força de posicionamento frente aos demais concorrentes.

Como se adaptar enquanto não possuir formação na área?

Se você se sente inseguro e despreparado para atuar na área, invista em conhecimento através de leitura de livros, vídeos no YouTube, *podcasts*, *blogs* e grupos em redes sociais. Essa forma de aprendizado tem baixo custo de investimento monetário, porém alto custo de tempo para encontrar as informações e organizá-las.

Alguns *podcasts* podem trazer informações relevantes para ampliar seu conhecimento. Citamos alguns com boa audiência no momento: Seja Ágil, Universo Ágil, Pipoca Ágil, Universo Ágil, Comunidade Ágil e Mulheres de Produto.

Conversar com profissionais da área sobre os desafios vividos e pedir dicas para vencer os obstáculos é um ótimo caminho, e você pode explorar informalmente com colegas ou com o apoio de mentoria de profissionais. Assim, você conseguirá analisar o que dá certo e o que não funciona através da troca de experiências.

Com a teoria e a prática você se tornará um profissional mais completo, portanto, além de estudar, é necessário praticar bastante. Colocar a mão na massa é muito importante para consolidar a teoria. Por outro lado, profissionais que não estudam e apenas praticam podem criar vícios na execução e terão dificuldade para desaprendê-los e aceitar as mudanças que os colegas mais preparados irão sugerir.

Enquanto não possui formação, busque colocar em prática a teoria por meio de trabalho voluntário e aplicando-a nas atividades do seu dia a dia. Mostre os resultados de seu trabalho, o valor que foi agregado, a forma como você ajudou na criação ou na aplicação da solução. Resultados têm mais valor do que uma certificação.

Não poderíamos deixar de citar alguns livros para auxiliar na sua formação:

- ✓ "Jornada Ágil do Produto: unindo práticas e *frameworks* para capacitar Donos de Produto (*Product Owners*) e Gerentes de Produtos (*Product Managers*) com foco no fluxo de valor entregue ao cliente" (MUNIZ *et al.*, 2020).
- ✓ "*Product Backlog Building*: um guia prático para criação e refinamento de *backlog* para produtos de sucesso" (AGUIAR; CAROLI, 2021).
- ✓ "Gestão de produtos: como aumentar as chances de sucesso do seu software" (TORRES, 2015).
- ✓ "Inspirado: como criar produtos de tecnologia que os clientes amam" (CAGAN, 2021).
- ✓ "*Design Thinking*: uma metodologia poderosa para decretar o fim das velhas ideias" (BROWN, 2020).
- ✓ "Comece pelo porquê: como grandes líderes inspiram pessoas e equipes a agir" (SINEK, 2018).

Quais as formações relevantes para a transição de carreira?

De forma a simplificar seu plano de estudos, a dica principal é você procurar uma formação em **gestão ágil de produtos** em uma escola de relevância no mercado.

Algumas escolas especializadas em gestão de produtos digitais oferecem cursos e mentorias que ajudam na formação de profissionais para a área, além de proporcionar oportunidades de *networking*.

Os principais cursos são: *Product Management, Product Discovery, Design UX/UI, Data Analytics*. Além dos treinamentos, é importante a sua participação em comunidades e programas de mentoria que ajudam, sobretudo, os iniciantes.

Para fecharmos este capítulo, a principal dica é começar com os cursos básicos, porém relevantes e reconhecidos no mercado. O mesmo vale para as certificações.

Conclusão da Parte III

Na Parte III exploramos ferramentas e dicas para você planejar e monitorar o seu plano de transição. Se você conseguiu seguir as dicas, provavelmente algumas oportunidades surgirão antes mesmo de você ter finalizado o seu plano de transição. É disso que trata a Parte IV: como agir nas primeiras entrevistas? O que esperar das empresas? O que falar? Como saber se essa é uma oportunidade que está alinhada aos meus valores ou ao que eu desejo para o meu futuro profissional? Responderemos a essas perguntas e daremos dicas valiosas para a fase de entrevistas.

PARTE IV.
DICAS VALIOSAS PARA A SUA TRANSIÇÃO E PARA AS PRIMEIRAS ENTREVISTAS

A Parte IV tem como objetivo deixar você confiante para escolher as melhores oportunidades. É muito importante lembrar que o alinhamento dos valores da empresa e dos seus valores é fundamental para uma parceria ganha-ganha. Acreditamos que seja tão importante quanto você se preparar para as suas primeiras entrevistas, remodelar o seu currículo e movimentar o seu LinkedIn. Está preparado para aprender um pouco mais sobre essa fase? Vamos juntos.

15. Remodelando seu currículo

Priscilla Couto

Até aqui você aprendeu e entendeu a importância de diversas ações para a transição para a área de produtos. Chegou o momento de botar a mão na massa e montar o seu currículo para ser visto pelo mercado, colocando tudo no papel de forma estratégica e direcionando sua prospecção para o mercado de trabalho de forma objetiva.

Primeiramente, vamos esclarecer alguns pontos sobre um bom currículo:

1. Ele será seu cartão de visitas, o primeiro documento que chega às mãos do recrutador contando sobre você.
2. Na internet você encontrará vários modelos de currículos modernos, com cores e desenho, mas não será isso que vai chamar a atenção do recrutador. Foque em um modelo simples do Word, que fará muito mais sucesso.
3. A tecnologia também chegou no RH e hoje um robô pode selecionar o seu currículo. Muitas empresas utilizam inteligência artificial para gerenciar seus processos seletivos, então você precisa ter um currículo que facilite ser encontrado por esses sistemas.
4. Não há problema nenhum em ter um currículo com três folhas, desde que as informações sejam importantes para a vaga em questão.

Neste capítulo, você vai aprender como estruturar seu currículo, com orientações e recomendações sobre todos os campos mais comuns desse documento.

O conceito do currículo

Currículo é um documento onde você apresenta sua trajetória profissional, atividades que realizou, resultados conquistados, formação, habilidades comportamentais, cursos, conhecimento de idiomas, sistemas, projetos, certificações e tudo mais que considerar ser importante para a vaga a que está se candidatando.

Porém, não será um documento engessado: quanto mais você incluir resultados e formações que representem o profissional que você é, mais chances você terá de ser escolhido e se destacar.

Como montar um currículo para quem busca uma transição de carreira?

Realizar uma transição de carreira para alguns profissionais é bem desafiador: você está começando do zero em conhecimento, mas considere que toda a sua trajetória até aqui também tem um peso, principalmente porque o mercado está focando em habilidades comportamentais, e estas a gente melhora com a maturidade.

Quando montamos o currículo pensando na transição, você já sabe que irá carregar consigo todo o seu *background* construído até agora, mas considere outras formações e experiências práticas relevantes para a transição, como, por exemplo, participação em projetos e atividades voluntárias, para demonstrar ao mercado o seu conhecimento nessa nova área.

O foco será apresentar um modelo de currículo que reflita sua experiência e que possa ser lido pelo software de triagem automatizada do RH com alto aproveitamento dos dados, dando clareza ao recrutador sobre a sua trajetória e seu momento atual de carreira.

Antes de partirmos para a mão na massa, quero compartilhar o que **não** deve conter em seu currículo, por ser irrelevante para a seleção.

O que não deve constar no seu currículo

1. **Foto:** há mais de cinco anos que não utilizamos fotos, porque a escolha é feita por competências e não pela aparência do candidato. É claro que em algum momento a empresa pode solicitar a foto – nesse caso, cuide para ser uma foto profissional.
2. **Dados pessoais:** considerando sua segurança e LGPD, qualquer dado pessoal será solicitado no momento da contratação. Não é relevante informar endereço completo, número de documentos, estado civil, idade e quantidade de filhos.
3. **Pretensão salarial:** exceto quando solicitado, questões salariais são relevantes no momento da entrevista.

4. **Referências pessoais:** essas informações não são relevantes para constar em um currículo, e sim para estar no seu perfil do LinkedIn.
5. **Experiências muito antigas e de níveis de carreira menores:** pense que o objetivo do currículo é validar o profissional que você é hoje e sua trajetória. Experiências muito antigas ou que fogem do seu nível profissional atual não são informações relevantes para a escolha da vaga, deixando apenas o currículo poluído.
6. **Cursos antigos e desalinhados com a vaga:** conhecimento é importante, mas precisamos avaliar o que vale a pena inserir no documento. Devem ter relação com a vaga e valorizar você.
7. **Informações sobre empresas:** seu currículo fala sobre você e as empresas por onde passou. Portanto, não inclua porte, tipo de atividade, ícones ou qualquer outra informação.
8. **Histórico escolar:** irrelevante incluir notas de provas ou tema do TCC.
9. **Título do currículo ou assinatura:** *"curriculum vitae"*.
10. **Autoelogios.**

Atenção: os sistemas de inteligência artificial não fazem leitura de imagens, bolinhas, barras etc. Essas informações são lidas como espaços em branco, portanto não as utilize no seu currículo para sinalizar o seu nível de conhecimento sobre determinado tema.

O que deve constar no seu currículo

Agora que você já sabe o que não deve conter no seu currículo, vamos construir um documento para gerar desejo do mercado em trabalhar com um profissional como você!

Você já deve ter ouvido que o recrutador tem seis segundos para ler o currículo e decidir se aquele candidato está dentro ou fora do processo. Sinceramente, é impossível tomar qualquer decisão em seis segundos. Porém, o nosso olhar é treinado para escanear o documento e buscar informações importantes.

Então, crie um currículo que facilite a leitura. Dessa forma, você sairá na frente dos seus concorrentes. Pensando nisso, apresentarei os 13 campos em uma ordem que facilite a leitura dos recrutadores.

- ✓ Nome
- ✓ Cargo desejado
- ✓ Dados de contato
- ✓ Formação
- ✓ Experiências profissionais | Consultorias/*Freelancer* | Acadêmicas
- ✓ Idiomas
- ✓ Conhecimento de sistemas/metodologias
- ✓ Certificados
- ✓ Habilidades comportamentais
- ✓ Intercâmbio (opcional)
- ✓ Premiações (opcional)
- ✓ Publicações (opcional)
- ✓ Projetos/Trabalhos voluntários (opcional)

Aprenda como descrever cada campo do seu currículo

Nome

Você já pensou em ter um nome como identidade profissional? As pessoas gravam nome e sobrenome e talvez ter um nome grande não seja o melhor caminho. Pensando nisso e no seu posicionamento de carreira, você pode considerar ser identificado pelo nome e sobrenome que escolher. Eu, por exemplo, somente me apresento como Priscilla Couto, dessa forma fica fácil me manter na mente das pessoas e todos os meus pontos de contato têm essa identidade.

Como descrever:

- ✓ Em vez de João Pedro Diniz Neto de Souza Junior...
- ✓ João Pedro de Souza

Cargo desejado

O primeiro filtro feito pela inteligência artificial é o **cargo**. Normalmente o recrutador trabalha várias vagas ao mesmo tempo, portanto é preciso explicitar claramente a vaga de interesse, principalmente quando falamos de uma transição de carreira.

No caso de indicação, onde não há uma vaga definida, você pode inserir as vagas de interesse – até porque, nesse caso, seu currículo não passará por nenhum filtro e será entregue diretamente ao recrutador.

Como descrever:

- ✓ *Technical Product Manager*
- ✓ *Product Manager*
- ✓ Especialista em desenvolvimento de produtos

Dados de contato

Aqui você precisa incluir sua **cidade, estado, telefone para contato** (de preferência que tenha WhatsApp), **e-mail** e **perfil do LinkedIn.**

Pontos de atenção:

1. Quando falamos de e-mail, que seja um e-mail profissional, ou seja, evite apelidos de infância, numéricos ou que não façam referência a você, por exemplo.
2. Quanto ao LinkedIn, considere inserir se for um perfil ativo e não apenas um cadastro que fez e nunca mais acessou. Recomendamos que leia o capítulo "LinkedIn para construção de marca pessoal e posicionamento".
3. Telefone: se o cadastro for de um telefone de recado, avalie se quem irá atender poderá anotar os recados e se está de acordo em receber esse tipo de ligação.

Reforço esses pontos porque muitos contatos deixam de ser feitos por não conseguirmos localizar o candidato.

Formação

Considere apenas incluir formações a partir do nível superior, na ordem do mais recente para o mais antigo, detalhando o tipo de formação: doutorado, mestrado, MBA e graduação e o ano de conclusão ou previsão.

No caso de formações trancadas, inclua apenas se você tiver intenção de voltar e tenha trancado nos últimos seis meses.

Como descrever:

- ✓ **MBA:** Gestão Empresarial | PUCRS – 2024
- ✓ **Graduação:** Direito | UFF – 2020

Experiências profissionais

Descreva o tempo de início e fim de cada experiência (mês/ano), cargo, nome da empresa, atividades realizadas e seus resultados.

Considere como resultados: treinamentos ministrados, sugestão de mudanças em processos, implantação, planilhas de acompanhamento, ações que reduziram custos ou alavancaram resultados. Ter um De/Para para ampliar o entendimento da sua capacidade de entrega é importante.

Como descrever:

07/2020 até o momento | Supervisor Comercial | Empresa 123

Atividades: responsável pelo direcionamento da equipe com 30 analistas comerciais, que atendem a clientes com faturamento entre 500 mil e 2 milhões, trazendo soluções para o seu negócio. Acompanhamento dos indicadores X, Y, Z, utilizando as metodologias 1 e 3. Montagem e aplicação de treinamento para 100% do time, voltados para social selling e negociação.

Resultados:

- *Aumento em 7pp do resultado de vendas do time no semestre, com a implantação de um programa de bonificação.*
- *Contratação de cinco profissionais (analistas e backoffice)*

Cursos

Sabemos que a decisão de contratação é tomada com base no currículo como um todo, mas uma forma de o profissional que está em transição de carreira se tornar desejado é ter cursos relevantes na área. Quando falamos de cursos, não basta a quantidade de horas, e sim a clareza do conhecimento adquirido, o ano de conclusão e a instituição.

Como descrever:

- ✓ Excel Avançado – Nome da instituição, 2023
- ✓ Power BI – Nome da instituição, 2022
- ✓ Método ágil de A a Z – Nome da instituição, 2022

Idiomas

Apenas **1% da população brasileira fala um segundo idioma**, então, se você tiver a possibilidade, invista. Muitas mentiras são percebidas logo na entrevista. Detalhar no currículo o conhecimento de algum idioma, dependendo do seu nível de fluência, consiste em entrevistas no idioma, sem nenhum aviso.

Portanto, avalie o seu conhecimento atual e seja claro se há diferença entre o conhecimento falado e escrito. Não usar o idioma com frequência faz com que a gente perca o vocabulário, portanto indico que insira um nível menor, aprimore e depois faça o ajuste no currículo.

Como descrever:

- ✓ Inglês fluente
- ✓ Espanhol intermediário
- ✓ Alemão avançado para escrita e intermediário para conversação.

Conhecimento de sistemas e metodologias

Destaque os conhecimentos que domina e que são importantes para a área e liste os sistemas e metodologias que conhece.

Certificados

Como um profissional especialista na sua área, talvez você precise possuir algumas certificações para validar o seu conhecimento e se tornar um profissional diferenciado. Por isso, é importante conhecer o seu mercado e entender onde vale a pena investir seu tempo e energia. Neste campo, informe apenas a certificação, a instituição de realização e os ano de conclusão ou previsão.

Habilidades comportamentais

Não sei se você percebeu, mas muitas vagas passaram a detalhar também as *soft skills* desejadas. Então, se antecipando a isso, você pode incluir também essa informação no seu currículo. Porém, vale ressaltar que, para cada habilidade informada, você precisará demonstrar, no momento da entrevista, atitudes pontuais que teve no decorrer da sua trajetória.

Exemplos de habilidades:

- ✓ Comunicação
- ✓ Escuta ativa
- ✓ Liderança
- ✓ Poder de influência
- ✓ Capacidade analítica
- ✓ Relacionamento interpessoal
- ✓ Planejamento estratégico

Intercâmbio (opcional)

Você teve alguma experiência internacional que tem relação com a sua transição de carreira e que vale a pena contar? Se sim, inclua no seu currículo de forma resumida e descrevendo como poderá ajudar no resultado da empresa.

Como descrever:

- ✓ Intercâmbio: Dublin – Irlanda – julho/2023: duração de 60 dias para aprimoramento do idioma pela escola XPTO

Premiações (opcional)

Muitos não consideram interessante inserir premiações no currículo, mas precisamos mudar esse pensamento porque tais informações valorizam sua trajetória e são a concretização de um resultado entregue. Somente seja criterioso, para avaliar se cabe inserir a premiação.

Como descrever:

- ✓ Premiado em 2021 como TOP 10 de vendas da América Latina.
- ✓ Premiado em 2022 como um dos melhores líderes, segundo avaliação de desempenho global.

Publicações (opcional)

Quando você se preocupa em se posicionar na carreira, em ser visto pelo mercado de forma diferenciada, muitas coisas acontecem. Uma delas pode ser receber convites para escrever uma matéria para uma revista ou um site de renome dentro do seu mercado. No meu perfil no LinkedIn você encontra mais de 30 momentos em que falei para a mídia. Se estivesse escrevendo meu currículo hoje, listaria as publicações mais relevantes e que fortaleceriam a minha marca.

Como descrever:

- ✓ Convite recebido pelo jornal X em mês/ano, para falar sobre o tema Y.

Projetos/Trabalhos voluntários (opcional)

Conforme nossa trajetória é realizada, podemos ser convidados a trabalhar em projetos que tenham relação com a nossa atividade ou não. O ponto crucial aqui é trazer somente as atividades que fortaleçam a sua transição de carreira.

Neste campo, informe o nome do projeto, tempo de duração, seu papel de atuação e os resultados. Se você julgar interessante, pode compartilhar algum *link* ou site para mais informações.

A seguir temos um exemplo fictício de currículo:

Joãozinho da Transição de Carreira
Perdizes – São Paulo/SP
Telefone: (11) 1111 1111
E-mail: joaozinho@gmail.com
Linkedin: Linkedin.com/in/joaozinho
Objetivo: Especialista em desenvolvimento de produtos

Formação:

- ✓ **MBA:** Gestão Empresarial | PUCRS – 2024
- ✓ **Graduação:** Direito | UFF – 2020

Experiência profissional:

07/2020 aos dias atuais | Supervisor Comercial | Empresa 123

Atividades: Responsável pelo direcionamento da equipe com 30 analistas comerciais, que atendem a clientes com faturamento entre 500 mil e 2 milhões, trazendo soluções para o seu negócio. Acompanhamento de indicadores X, Y, Z, utilizando as metodologias 1 e 3. Montagem e aplicação de treinamento para 100% do time, voltados para *social selling* e negociação.

Resultados:

- ✓ Aumento em 7pp do resultado de vendas do time no semestre, com a implanção de um programa de bonificação.
- ✓ Contratação de 5 profissionais (analistas e *backoffice*).

Experiência consultoria: (Opcional)

Experiência acadêmica: (Opcional)

Cursos:

- ✓ Excel Avançado – 2023
- ✓ Power BI – 2022
- ✓ Método ágeis de A a Z – 2022

Idiomas:

- ✓ Inglês fluente
- ✓ Espanhol intermediário
- ✓ Alemão avançado para escrita e intermediário para conversação

Certificações:

- ✓ Certificação 1
- ✓ Certificação 2

Habilidades

- ✓ Comunicação
- ✓ Escuta ativa
- ✓ Liderança
- ✓ Poder de influência
- ✓ Capacidade analítica
- ✓ Relacionamento interpessoal
- ✓ Planejamento estratégico

Sistemas e metodologias

- ✓ *Kanban*
- ✓ Protheus
- ✓ *Lean*
- ✓ 5S

Intercâmbio: (Opcional)

✓ Dublin – Irlanda – julho/2023: duração de 60 dias para aprimoramento do idioma pela escola XPTO

Premiação: (Opcional)

Publicações: (Opcional)

Conclusão

Não pense que a sua história será desconsiderada nesse novo caminho, ao contrário: ela ajuda a reforçar o seu posicionamento atual. No entanto, é preciso adaptar as habilidades para o seu novo momento.

Remodelar o seu currículo é apenas um dos movimentos que você precisará realizar nesse momento da sua carreira, e é importante estar conectado com o seu perfil do LinkedIn.

A partir de agora, o currículo remodelado será o seu melhor cartão de visitas para aquela vaga que tanto deseja – e melhor, os sistemas automatizados irão carregar todos os dados e aumentarão suas chances.

Agora, de nada adianta ter um bom currículo e não ter uma boa estratégia de candidatura. A dica é se candidatar ao máximo a vagas aderentes ao seu objetivo, para conseguir o máximo de entrevista possível. Você não precisa ter aderência de 100% às exigências da vaga; considere que a partir de 70% já é suficiente.

Sucesso!

16. LinkedIn para construção de marca pessoal e posicionamento

Natália Soares

Como vimos no capítulo anterior, no currículo você mostra quem você foi. Agora vou apresentar o LinkedIn, onde você tem a oportunidade de mostrar **quem é** no momento atual e **quem você quer ser** ou **como quer ser visto**.

Antes de ensiná-lo a se destacar para conseguir as melhores oportunidades no mercado de trabalho, vou apresentar melhor essa plataforma.

O LinkedIn é a maior rede social profissional do mundo: são mais de 830 milhões de usuários ao todo, mais de 56 milhões no Brasil e mais de 58 milhões de empresas registradas.

Outro dado interessante é que, no Brasil, 78% dos recrutadores utilizam o LinkedIn para encontrar candidatos. Ao redor do mundo, um estudo mostrou que 122 milhões de pessoas já foram convidadas para uma entrevista através do LinkedIn e que 35,5 milhões foram contratadas através de uma conexão feita na plataforma.

A missão do LinkedIn é simples: **conectar profissionais do mundo todo, tornando-os mais produtivos e bem-sucedidos.**

Sabendo disso, vou ensinar agora como utilizar a plataforma para se conectar com empresas e pessoas que podem contribuir para a sua transição, além de ajudar você a construir um novo posicionamento e se tornar uma autoridade dentro dessa nova área. Vou compartilhar com você como eu fiz minha transição do CLT para o empreendedorismo e obtive êxito no LinkedIn. Vamos lá?

Quem eu sou na fila do pão?

Em 2018 recebi uma excelente oportunidade de trabalho. Pedi demissão do emprego e fiquei superempolgada com essa nova possibilidade na carreira. Porém, duas semanas antes de começar, precisei recusar a oportunidade e retornar para minha cidade natal para cuidar dos meus pais. Estou contando isso porque precisei "começar do zero" nessa nova jornada.

Eu era referência em recrutamento e seleção onde morava, e ao me mudar para uma cidade nova me vi perdida. Lembro que falei com minha mãe: "quem eu sou aqui na fila do pão?". Fiquei superpreocupada em como ia conseguir novamente construir uma marca pessoal forte. Foi nesse momento que decidi utilizar meu perfil no LinkedIn. Meu objetivo aqui é ensinar para você o passo a passo que apliquei e que me ajudou a construir uma rede sólida, com aproximadamente 400 mil pessoas acompanhando meu trabalho todos os dias. Recebi o convite do próprio LinkedIn para me tornar uma *creator* (criadora de conteúdo) da plataforma, fui reconhecida como Top 10 Influenciadora LinkedIn pelo prêmio iBest e estou entre as Top 50 Influenciadoras de Recursos Humanos no LinkedIn, pelo RH Summit, ambos a nível nacional em 2022.

O básico que a maioria não faz

Entenda que o LinkedIn é uma rede social: você precisa preencher seu perfil de forma completa e estratégica para que o algoritmo trabalhe a seu favor: entregando seu perfil para mais pessoas, aumentando sua visibilidade e mostrando conteúdos e vagas de acordo com o seu perfil.

Eu criei meu perfil no LinkedIn em 2013. Visitava a plataforma uma vez ou outra e não interagia, apenas rolava meu dedo no *feed* de notícias e ia embora. É claro que o LinkedIn não funcionava para mim, e eu só entendi o motivo em novembro de 2018, quando fiz um *post* contando que havia pedido demissão. Esse *post* viralizou: muitos profissionais se identificaram com a minha história e deixaram comentários, compartilharam ou mandaram mensagem no meu *inbox* me parabenizando pela minha coragem.

A partir desse momento, entendi o poder do LinkedIn de gerar conexões e quis usar isso a meu favor. Apesar de não gostar muito de redes sociais, comecei a estudar a plataforma, testar algumas ações e criar conteúdo. Mesmo não dominando a escrita, decidi arriscar.

O que vou ensinar aqui é para que você não precise passar pelo mesmo caminho das pedras que eu trilhei para alcançar resultados profissionais com essa plataforma.

O básico que a maioria não faz é preencher o perfil corretamente. Como você está realizando uma transição de carreira, precisa reformular seu perfil. A seguir, vou explicar cada campo e a melhor forma de preencher, ok?

Sua loja no shopping

Imagine que você foi ao shopping apenas para tomar um sorvete, mas, andando pelos corredores, uma loja chamou a sua atenção. A vitrine dela estava impecável, chamativa. Mesmo não precisando, você entra por curiosidade para dar uma "olhadinha". Quantas vezes isso já aconteceu na sua vida? Várias, imagino. Essa mesma lógica serve para o seu perfil no LinkedIn. Todos os dias centenas, milhares, de gestores e recrutadores estão ali no *feed* de notícias apenas passeando, mas quando eles encontram um perfil bacana, que chama atenção, eles entram para conhecer melhor o profissional – e, se for interessante, podem acabar convidando-o para uma entrevista. Agora eu pergunto:

Como está sua vitrine profissional? Está convidativa? E seu perfil? Vende o profissional que você é ou quer ser?
O perfil a seguir é de um cliente formado em direito, que atuou por muito tempo como coordenador em uma agência bancária. Ele nunca tinha trabalhado na área de produtos e estava realizando sua transição.

Após a elaboração do currículo, como abordado no capítulo anterior, começamos a construção do perfil do LinkedIn. Vou mostrar aqui algumas alterações que realizamos e a lógica de cada uma.

Figura 16.1. Perfil exemplo.
Fonte: a autora.

- ✓ **Item 1 – Foto de perfil.** Já que a rede é profissional, o ideal é você colocar uma foto que remeta ao profissional que você é. Perfis com foto no modo público têm maior probabilidade de crescimento e aceitação por parte de outros usuários. Além disso, a foto faz com que o seu perfil seja visto até 21 vezes mais.
- ✓ **Item 2 – Foto de capa.** A capa é um recurso visual. Assim que alguém entra no seu perfil, só de olhar para ela, a pessoa precisa entender o que você faz e de que área você é. No site <https://www.canva.com/pt_br/> você consegue criar suas próprias capas gratuitamente, basta pesquisar por **Banner LinkedIn**. Ter uma foto de capa também contribui para aumentar sua visibilidade na rede.
- ✓ **Item 3 – Título.** Aqui a lógica é: imagine quais palavras o recrutador usaria para encontrar um *Product Owner* ou *Product Manager*. Você precisa colocar no título de três a seis palavras-chaves que representem a sua atividade profissional, principais conhecimentos e especialidades. Você aparecerá mais facilmente nas buscas dos recrutadores.
- ✓ **Item 4 – Modo de criação.** Ao ativar este recurso no LinkedIn, você ganha visibilidade e tem acesso a diversos recursos que aumentarão a sua autoridade, como: **eventos em áudio, *lives* e a própria *newsletter*.** Você também vai definir de três a cinco macroassuntos que você domina dentro da sua área. Assim, quando alguém entrar no seu perfil, logo saberá de quais áreas ou assuntos você fala, segundo o site Kinsta, em entrevista com Maddy Osman (OSMAN, 2023).
- ✓ **Item 5 – Informações de contato.** Para que uma empresa, gestor ou recrutador encontre você, o mínimo básico que você precisa fazer é deixar suas informações disponíveis. Caso você não se sinta confortável em deixar o seu número de telefone, basta fornecer o e-mail. Mas lembre-se de checar sua caixa de entrada, *spam* e lixeira para não perder nenhuma informação.

Pronto! A primeira parte da sua vitrine profissional está pronta e com título rastreável. A partir de agora, vou explicar todas as seções que você deve preencher para ser encontrado pelas empresas e convidado para melhores oportunidades.

Buscando emprego

Logo abaixo do seu nome e das suas informações de título você vai encontrar a seção **Buscando Emprego**, onde você deve preencher:

- ✓ até cinco nomenclaturas de cargos que está buscando na sua nova área;
- ✓ locais de trabalho (presencial, híbrido e remoto);
- ✓ localidades onde você busca uma vaga (pode ser cidade e estado);

✓ data de início; e
✓ tipos de vaga.

Ainda nesta seção, você pode ativar ou não o selo "Open to work", que deixa sua foto de perfil com um selo verde que mostra que você está em busca de uma oportunidade.

Mas atenção: se você vai *trocar* de emprego, o ideal é **não** ativar o selo e marcar a opção **apenas recrutadores**.

Agora, quando um recrutador encontrar seu perfil, saberá quais oportunidades você está buscando.

Recursos

Continuando o preenchimento da sua vitrine profissional, vamos preencher a seção **Recursos,** onde você deve ativar o **Modo de criação,** conforme explicado anteriormente (item 4).

Destaques

Aqui você pode acrescentar informações que agreguem valor ao seu perfil profissional, como: fotos de reuniões ou treinamentos que ministrou, *links* de alguma notícia, *blog*, site ou projeto realizado. Dá para destacar alguma publicação ou artigo que demonstre seus conhecimentos na área e até mesmo um certificado de alguma formação específica e essencial para sua transição.

Sobre

Neste campo de até 2.600 caracteres você deve escrever sobre suas experiências, setor, competências e também sobre conquistas e empregos anteriores. Mas cuidado para não fazer um resumo de currículo. Pense sobre sua trajetória e compartilhe um pouco de sua história, dos motivos que o levaram a essa nova área, competências e resultados que você já teve e que podem agregar à nova atividade. Apresente-se da melhor forma, através de um texto bem escrito e elaborado. Inclua palavras-chave de forma natural ao seu texto. Lembre-se de que logo abaixo você terá um campo específico para contar suas experiências profissionais de maneira mais detalhada. Aqui você deve ser interessante, trazer informações que ajudem o visitante a conhecê-lo melhor e a entender o que o fez chegar no seu momento atual, para que assim ele queira chamar você para uma oportunidade ou um café virtual.

Algumas dicas:

- ✓ Faça parágrafos curtos com no máximo cinco linhas cada.
- ✓ Inclua uma introdução (quem é você e o que o move).
- ✓ Um parágrafo breve contando sua trajetória e como você chegou até essa transição.
- ✓ Adicione palavras-chave e competências da área.
- ✓ No final, deixe seus contatos (e-mail e telefone).

Experiências profissionais

Se você elaborou seu currículo conforme o capítulo anterior, agora basta copiar e colar as experiências e atividades desenvolvidas nesta seção. Lembre-se de que o LinkedIn é uma rede social e se você quer que o algoritmo trabalhe a favor da sua transição, precisa direcionar as informações com palavras-chave e atividades para os cargos de *Product Owner ou Product Manager.*

Ao preencher o nome da empresa, preste atenção para selecionar a empresa com a logo correta.

Um recurso bem legal desta seção é adicionar fotos e *links* em cada experiência. Use esta opção para compartilhar momentos com a equipe, participações em projetos, eventos ou treinamentos que participou.

É muito importante adicionar quaisquer resultados ou projetos que possam agregar valor à sua transição. É este campo que os recrutadores olharão para entender melhor seu perfil e experiências, para analisar se você tem as *soft* e *hard skills* necessárias para a vaga, mesmo que você tenha pouca ou nenhuma experiência.

Ainda em experiências, você consegue associar as competências utilizadas ou adquiridas em cada uma das empresas pelas quais passou.

Formação acadêmica

Aqui você deve colocar apenas formações acadêmicas, ou seja, de ensino médio a doutorado. Lembrando que se você tem alguma graduação ou é tecnólogo, não precisa adicionar a escola onde fez o ensino médio.

Adicione todas as informações solicitadas, como período de formação e o nome correto da instituição, de modo que a logomarca apareça. Coloque as datas de início e conclusão. Caso ainda esteja com alguma formação em andamento, basta colocar a previsão de conclusão.

Licenças e certificados

Nesta seção você deve adicionar todas as certificações que o ajudarão na sua transição. Lembre-se de que não é sobre quantidade de cursos, mas, sim, sobre as certificações mais importantes para a sua nova área de atuação.

Não importa se a certificação é de uma ou mais horas: se o conhecimento obtido através dela agrega valor e será um diferencial competitivo, adicione com as informações completas solicitadas pela plataforma.

Quando você adiciona essas informações, o RH que entrar no seu perfil vai verificar que você está buscando aprimorar e adquirir novos conhecimentos.

Competências

Esta seção é uma das mais importantes para quem quiser ser rastreado. Aqui você deve preencher todas as **50 competências** que o perfil permite, de acordo com conhecimentos técnicos e comportamentais e experiências que você possui.

Podem ser conhecimentos adquiridos em cursos, certificações, trabalho voluntário, projetos ou mesmo experiências profissionais, desde que sejam relevantes para as carreiras de *Product Owner ou Product Manager.*

Existem algumas formas estratégicas para você preencher este campo, caso sua conta no LinkedIn seja gratuita:

- ✓ Analisar perfis de outros profissionais já atuantes na área e verificar quais competências eles têm no perfil.
- ✓ Pesquisar as descrições das vagas e verificar quais palavras mais se repetem (essas são as palavras-chave do cargo).

Caso você tenha a conta Premium, basta ir na seção de **Vagas,** buscar por uma vaga com a descrição de *Product Owner ou Product Manager* e ir na parte de inteligência competitiva para verificar quais são as competências que mais se repetem.

Fazer essa análise ajudará você a ser mais objetivo no preenchimento das competências, além de fazer com que você receba um *match* maior com as vagas para as quais se candidatar. Também ajudará você a aparecer no filtro dos recrutadores na hora do *hunting*.

Quanto mais competências você tiver de acordo com as vagas, mais aderente seu perfil será.

Aproveite também para fazer o **teste de competências**. É uma prova de múltipla escolha onde você terá que responder a 15 questões dentro de um minuto e meio para cada pergunta. Quando você atinge 30% da média da maioria dos outros profissionais que realizaram o mesmo teste, você ganha um selo de validação daquela competência específica.

Este selo ajuda você a sair na frente no processo de filtro de outros candidatos, além de gerar credibilidade maior sobre a validação. Mas atenção: até o momento, todos os testes só podem ser realizados em inglês.

Recomendações

Sabe quando você vai comprar algo na internet ou andar de carro por *app*? Qual é uma das primeiras coisas que você olha? Se você disse: "avaliação", acertou.

Temos a tendência de credibilizar algo ou alguém que possui muitas avaliações positivas, concorda? No LinkedIn não é diferente.

Talvez você não tenha experiência na nova área, mas imagine um recrutador ou gestor entrando no seu perfil e vendo recomendações de antigos gestores, líderes, ou até mesmo dos coordenadores de curso, falando sobre seu perfil comportamental e como foi incrível trabalhar com você. Acredite, essas recomendações podem fazer a diferença entre você e outro candidato.

Cabe ressaltar que, para que as recomendações transmitam credibilidade, o ideal é que sejam feitas por pessoas tomadoras de decisão, ou que acompanharam você de perto em algum momento profissional.

É sempre bom ativar o gatilho da reciprocidade: se você quer receber recomendações, **recomende primeiro** aquelas pessoas que fizeram a diferença na sua vida.

> **Atenção: você só consegue recomendar ou ser recomendado se possuir uma conexão direta com a pessoa em questão, ok?**

Cursos

A diferença desta seção para a de **licenças e certificados** é que aqui você deve adicionar todos os cursos que já fez e que agregou algum tipo de conhecimento para você, independentemente de ser da sua área ou não.

Outras seções importantes

Logo na parte superior da sua página no computador, você terá acesso a adicionar outras seções. São elas:

- ✓ **Projetos:** adicione projetos dos quais você participou em empregos anteriores ou na faculdade que agreguem valor técnico e comportamental para o seu perfil profissional e para a transição.
- ✓ **Trabalho voluntário:** aqui vale qualquer trabalho que você tenha realizado e que o ajudou a desenvolver seus conhecimentos para a nova área.
- ✓ **Reconhecimentos e prêmios:** informe qual reconhecimento ou prêmio você recebeu, quando foi e qual foi a empresa ou instituição que forneceu. Isso aumenta ainda mais a credibilidade no seu perfil profissional para uma futura contratação.
- ✓ **Provas e notas:** se ao fazer a transição você realizou uma nova formação acadêmica e tirou notas acima da média, vale destacar nesta seção.
- ✓ **Idiomas:** ter um ou dois idiomas com certeza vai ajudá-lo a chegar mais rápido ao seu objetivo. Além disso, o idioma é um filtro usado por muitos recrutadores na hora de buscar um candidato. Ter esta seção preenchida pode ajudá-lo a sair na frente de outros candidatos.

Entenda os quatro pilares do LinkedIn e faça o algoritmo trabalhar a favor da sua empregabilidade

Você sabia que o LinkedIn tem uma funcionalidade que avalia como você se vende na plataforma? Agora vou lhe apresentar o SSI (*Social Selling Index*), ou índice de venda social.

Toda rede social tem pilares que fazem com que seu perfil tenha um bom desempenho. No LinkedIn o SSI é responsável por analisar como você se vende através dos recursos disponíveis na plataforma.

Os quatro pilares são:

- ✓ **Estabelecer sua marca profissional** – Completar seu perfil tendo em mente o público que você quer atingir e publicar conteúdo útil para se tornar um líder inovador no setor.
- ✓ **Localizar as pessoas certas** – Encontrar os tomadores de decisão e pessoas estratégicas com mais precisão e em menos tempo utilizando ferramentas de pesquisa de forma eficaz.
- ✓ **Interagir oferecendo *insights*** – Compartilhar atualizações que promovam diálogos e fortaleçam relacionamentos.
- ✓ **Criar relacionamentos** – Criar relacionamentos de confiança com decisores para fortalecer sua rede.

Vou deixar aqui o *link* para que você veja o seu resultado. Assim que você entrar no site, verá as métricas: <https://www.linkedin.com/sales/ssi>.

Existe uma média que o LinkedIn utiliza, que vai de 0 a 100, que é o cálculo da eficácia com a qual você estabelece sua marca profissional, localiza as pessoas certas, interage utilizando *insights* e cultiva relacionamentos. Esse indicador é atualizado **semanalmente**.

O ideal é que você mantenha uma média acima de 60, pois assim o algoritmo entende que você está ativo na plataforma.

Você também consegue analisar como está o seu perfil em relação às pessoas do seu novo setor no LinkedIn, ou seja, quem está mais ativo dentro dos quatro pilares citados.

Na classificação SSI do setor, quanto *menor* o seu número, melhor. O ideal é que você esteja em primeiro lugar. Isso ajudará a plataforma a entregar seu perfil para mais pessoas tomadoras de decisão.

Já na parte de Pessoas no seu setor e na sua rede, você consegue analisar qual a média de SSI das pessoas. Essa análise é feita semanalmente.

Um ponto importante para que essas análises estejam corretas é que o preenchimento do seu setor esteja de acordo com a sua transição (área ou segmento de atuação). Essa mudança pode ser feita no seu perfil na hora de editar a introdução.

Prospecção de recrutadores

Até aqui você aprendeu o que deve fazer para que o seu perfil seja encontrado por empresas, gestores e recrutadores. Mas você também pode e deve fazer a sua prospecção de recrutadores e outras conexões estratégicas. Vou explicar o motivo e como fazer.

Muitos recrutadores fazem uma busca orgânica de candidatos no LinkedIn. Outros utilizam a função paga (o *recruiter*) para encontrar candidatos. Para ambas as formas, a pessoa que está buscando um candidato vai utilizar os filtros que a plataforma oferece. E para que você apareça primeiro nessas pesquisas, é necessário entender que quanto **maior** for o seu nível de conexão com a outra pessoa, melhor.

Para prospectar conexões de forma estratégica, primeiro você deve fazer uma *lista* com os nomes das empresas que gostaria de trabalhar. Depois, você vai buscar essas empresas no LinkedIn e seguir a página delas. Logo abaixo do botão seguir, você vai visualizar outras opções.

Aqui você deve ir na aba **pessoas** e escrever no campo de pesquisa **recursos humanos**; assim, os filtros mostrarão para você apenas quem são os recrutadores da empresa para a qual você quer trabalhar.

A dica aqui não é sair seguindo os 3.774 profissionais de RH, mas analisar quem são aqueles que possuem mais *conexões em comum* com você. Verifique quem é sua conexão de primeiro ou segundo grau e envie um convite com nota personalizada se apresentando e dizendo o motivo de estar enviando a solicitação da conexão.

Por favor, não saia pedindo emprego por aí! Seja inteligente ao enviar seu texto. Você pode se inspirar no seguinte modelo:

Olá, tudo bem, (nome da pessoa)? Meu nome é (seu nome aqui), e aqui no LinkedIn desejo agregar valor e trocar conhecimentos. Vai ser um prazer ter você na minha rede.

Este modelo de mensagem é bem simples e muito bom, mas caso você conheça a pessoa de algum lugar, ou tenha alguma conexão em comum com quem você costuma conversar, pode citar a pessoa na mensagem.

O ideal é que você envie o convite de conexão para uns 10 profissionais de RH, e uns 10 da sua nova área de atuação. Inclusive, você pode aproveitar que vai enviar mensagem para as pessoas da sua área e gerar um *networking* mais agressivo.

Analise os perfis delas, veja se encontra um ponto em comum com você e traga isso na mensagem. Você pode até mesmo pedir uma dica ou um conselho sobre a área, seguindo o modelo:

Olá, (nome da pessoa), tudo bem? Estou realizando uma transição para a área de Produtos e vi que você possui bastante experiência, parabéns! Se você estivesse no meu lugar hoje, realizando essa transição, qual curso ou conhecimento acredita que eu deveria ter como prioridade? Ficaria feliz em saber sua opinião.

Este modelo de mensagem dá uma ótima abertura para gerar relacionamento de qualidade na rede.

Voltando a falar da prospecção, quanto mais você interagir com essas pessoas e com a página da empresa, melhor. Assim você passa a ser uma pessoa conhecida para quem interessa, e o algoritmo trabalha a seu favor, entregando mais o seu perfil para essas pessoas.

Busca de oportunidades

No LinkedIn você também pode fazer a busca direta por vagas clicando no desenho da **maleta** que fica na parte superior e digitando o nome da vaga que busca no campo de **pesquisa**.

Para fazer uma busca mais objetiva, utilize os **filtros** de acordo com o seu interesse. Aproveite para analisar se você possui as competências que as empresas estão solicitando.

Outra função que pode ajudar você é **ativar os alertas.** Você pode configurar o LinkedIn para que ele o notifique toda vez que uma vaga do seu interesse estiver disponível. Você pode ativar quantos alertas quiser.

Falando em alertas, lá na página das empresas que você seguiu também dá para ativar alertas específicos para as vagas. Basta clicar em **vagas** e depois em **criar alertas**.

Ativando essas funções, você tem mais chances de conseguir sua transição. E não se preocupe, essas configurações são vistas apenas por você.

Uma dica muito importante é priorizar as vagas de **candidatura simplificada**, pois elas são realizadas dentro da própria plataforma e você consegue acompanhar o processo. No caso das outras vagas, provavelmente você será direcionado para um site externo.

Além disso, nas vagas de **candidatura simplificada**, quem tem a conta **Premium** consegue visualizar quem é o recrutador responsável e até mesmo enviar uma mensagem.

Resumindo

O LinkedIn é a **melhor** plataforma para você realizar uma transição de carreira de forma mais suave e rápida. Além das inúmeras oportunidades de vagas, você pode construir um *networking* estratégico com pessoas e tomadores de decisão na rede que podem ajudá-lo a atingir seu objetivo.

Lembre-se, você não deve ser interesseiro, e sim demonstrar interesse para se tornar interessante! Tudo o que você quiser que as pessoas façam por você na rede, experimente fazer primeiro. Ative o gatilho da reciprocidade e veja as coisas acontecerem na sua carreira.

Não esqueça também que no LinkedIn o segredo é a **persistência e a continuidade.**

Agora que você já aprendeu o que precisa fazer, mãos à obra!

17. Como demonstrar seus conhecimentos antes de assumir uma posição

Karolliny N. S. Lima
Juarez Barreto Azevedo
Rafael Ferreira Bittencourt

Todo processo de transição ou mudança, de modo geral, requer uma nova postura, novas ações e uma visão clara de onde você quer chegar. No contexto de mudança de carreira não é diferente, sobretudo na era da informação, onde a produção do conteúdo fomentou novos saberes e a publicidade ganhou força exponencial.

Para entender mais como você pode demonstrar os seus conhecimentos como *Product Owner* (PO) ou *Product Manager* (PM), trataremos neste capítulo de ações preliminares que podem ajudar no ganho de visibilidade das capacidades profissionais.

Geração de conteúdo autoral nas mídias sociais

O profissional da área de produtos, que atua ou não na área de tecnologia, objetivando ganhar visibilidade perante o mercado, poderá explorar a produção de conteúdo em mídias sociais a fim de compartilhar seu conhecimento com a sua rede e ainda aprender com o processo.

> *Crie momentos de inspiração que estimulem as pessoas a entrar numa jornada (REZ, 2016).*

Essa produção de conteúdo autoral, quando feita a partir de experiências reais, é uma excelente forma de disseminação do saber e aumento de *network*. Para realizar essa divulgação existem muitas formas, como participar de *podcasts*, *newsletters* e publicar artigos.

Um profissional que ainda não está na posição de PO ou PM, como, por exemplo, um analista de testes, *key user* ou outra função qualquer, mas que em seu cotidiano tem oportunidades de colaborar com a equipe que desenvolve produtos e soluções, deverá aproveitar ao máximo as experiências. Fique atento para aprender técnicas para melhorar a visibilidade do produto frente ao time e ao cliente, conhecer ferramentas de gestão do *backlog* do produto e *roadmap*. Uma boa prática seria publicar o conteúdo de forma descontraída, utilizando mídias visuais, linguagem simples e clara, com exemplos práticos, de modo que o público perceba sua capacidade de gerar resultados.

Para facilitar a sua jornada de geração de conteúdo, vamos exemplificar em duas partes, a primeira com foco no tático/operacional e a segunda com foco mais estratégico.

No nível tático/operacional, abordar os temas:

- ✓ Construção de *backlog* do produto.
- ✓ Técnicas usadas para identificação de épicos, *features*, *user stories*.
- ✓ Como manter o *backlog* do produto atualizado: em que momento, por onde começar.
- ✓ Citar como ocorreu a reunião de priorização do *backlog*: quem participou, qual contexto, tipo de produto, quais gargalos etc.
- ✓ Técnicas para apoio à concepção do MVP.
- ✓ Técnicas de facilitação de reunião com cliente para negociação de prazo, escopo e custo.
- ✓ Técnicas de facilitação para apresentação dos objetivos do produto e do negócio para o time de desenvolvimento.
- ✓ Como acompanhar e reportar o resultado
- ✓ Habilidades de transformar dados em oportunidades de negócio.
- ✓ Como entender as necessidades/dores dos clientes para propor e executar melhorias.
- ✓ Práticas para acompanhar e reportar resultados para os clientes e para o time.

No nível estratégico, abordar os temas:

- ✓ Definição de objetivos anuais e plurianuais alinhados à estratégia da empresa.
- ✓ Plano de investimentos em produtos que contribuirão para os objetivos.
- ✓ Plano tático e suas ações para medir os resultados periodicamente.
- ✓ Elaboração de métricas executivas.
- ✓ Forma de negociação de prazos e escopo.
- ✓ Melhores práticas para manter o equilíbrio entre custo x tempo x escopo.

Nas duas partes citadas, são bem-vindos conteúdos que abordem tanto as conquistas como também as dificuldades existentes no papel de PO e PM, isso demonstra maturidade e conhecimento.

Para começar a publicar o conteúdo produzido, você poderá utilizar, por exemplo, o Medium, o LinkedIn e outras plataformas que forem relevantes. A participação em comunidades e grupos específicos contribui para o desenvolvimento da visão ampliada acerca da área de atuação enquanto PO ou PM, pois esses são ambientes propícios para compartilhamento de experiências. Neles estão presentes profissionais em início de carreira e seniores, ambos valorizando o compartilhamento de conhecimento. Aproveite para produzir conteúdos em parceria.

Independentemente do meio ou público a que se direciona o conteúdo, busque usar uma linguagem não violenta. Transmita o sentimento e a emoção necessários para prender a atenção do leitor.

18. Dificuldade na descrição de cargos e busca de profissionais

Djani Dalfovo
Júlia Larissa Schultz

Sobre descrição de cargos

Segundo o site da Gupy (GUIMARÃES, 2023), "a descrição de cargos é a documentação das responsabilidades e atividades realizadas por cada posto de trabalho dentro da empresa". Essa descrição tem o objetivo de esclarecer as atividades exercidas e o que se espera do profissional que ocupa a função.

É importante observar se as suas capacidades e qualificações estão aderentes à vaga divulgada. No entanto, não necessariamente você precisará atender a todos os requisitos, pois existem variações na descrição de empresa para empresa, de acordo com o que ela espera do candidato.

O **título do cargo** pode ser simples, como, por exemplo, *Product Owner*; já a **descrição do cargo** traz mais detalhes do que é esperado do profissional, e é importante que estejam condizentes para facilitar o *match* entre candidatos e empresa, evitando que muitos alinhamentos de expectativa ocorram somente nas entrevistas. No geral, apesar de existirem adequações usadas pelas empresas, na maior parte das vagas anunciadas prevalece um padrão de títulos e descrições de cargos.

Os seguintes elementos podem ser encontrados na pesquisa do cargo anunciado:

- ✓ **Organograma:** posicionamento hierárquico do cargo.
- ✓ **Missão:** para que ele existe e quais as expectativas em relação aos resultados que ele deve apresentar.
- ✓ **Atividades exercidas:** descrição das responsabilidades e das atribuições do cargo.
- ✓ **Experiência:** vivência profissional, caso o cargo exija.
- ✓ **Formação acadêmica:** especificidades técnicas e grau de instrução, caso o cargo exija.

✓ **Competências:** competências técnicas e comportamentais necessárias para o cargo.

Claro que nem todas as descrições de cargos ou vagas anunciadas precisam estar nesse formato, mas desse jeito elas trazem mais facilidade para o recrutamento e a seleção, bem como para a avaliação de competências na empresa x candidatura.

Então, quais são as variações entre os cargos da área de produtos definidos nas empresas?

Variações entre PO e PM

Muito se tem falado sobre as atribuições de *Product Owner* e *Product Manager*. Mas, afinal, quais são as diferenças?

Geralmente o mercado pede maior senioridade para *Product Managers*, no sentido de ser um profissional com a capacidade de gerenciar atividades que exijam maior domínio, tanto na parte técnica quanto na parte comportamental (o pacote *power skills*), mas isso não é uma regra. Podemos ter profissionais de alta maturidade e senioridade assumindo o papel de *Product Owner* exatamente como o *Scrum Guide* prega, sem as variações de nomenclatura que o mercado cria para diferenciar o nível de carreira internamente nas empresas. Em muitas empresas, independentemente do cargo ocupado formalmente no contrato, você poderá assumir o papel de *Product Owner* e entregar os resultados de que a empresa precisa, ainda que seja apenas durante parte do seu tempo diário.

Durante o processo de transição de carreira é importante fazer uso de *benchmarking* ou realizar uma pesquisa sobre outras vagas abertas por empresas consolidadas, para se familiarizar com o que o mercado está praticando e identificar mais vagas aderentes à sua candidatura. Para exemplificar melhor, confira a seguir alguns anúncios fictícios de vagas para *Product Owner* (PO) e *Product Manager* (PM).

**Tabela 18.1. Anúncio fictício para *Product Owner*.
Fonte: as autoras.**

Product Owner Empresa X Você apoiará diferentes projetos através de sua experiência como *Product Owner*. Suas principais responsabilidades: • Gerenciar, desenvolver e implementar produtos digitais • Compreender e identificar as necessidades dos clientes e parceiros • Desenvolver roteiros para cada produto digital • Garantir a aderência dos produtos digitais Qualificações: • Bacharelado em Ciência da Computação ou disciplinas relacionadas • Pelo menos 2 anos de experiência em um papel similar • Conhecimento e experiência em metodologia *Scrum* e gerenciamento de projetos

**Tabela 18.2. Anúncio fictício para *Product Manager*.
Fonte: as autoras.**

Product Manager Empresa X Para essa posição, esperamos que você tenha: • experiência em tomada de decisões sobre *features* e priorização de *backlog*; • experiência na etapa de *Delivery* do *board* de produto; • experiência nas etapas de *Discovery*, validação de hipóteses e definição de negócio; • capacidade de identificar o que é o *Minimum Viable Product* (MVP): quais são as *features* mínimas que o produto deve ter para ser funcional; • experiência anterior trabalhando com equipes multifuncionais na criação de produtos; • capacidade analítica, pensamento estratégico e criativo; • habilidade para identificar problemas e tomar decisões ágeis e com embasamento; • proatividade e iniciativa; • bom relacionamento interpessoal e capacidade de comunicação com outros times e lideranças; • capacidade de apoiar o time, de estar disponível e de proporcionar autonomia a ele.

Nos dois exemplos, PO e PM, foram destacadas as responsabilidades no desenvolvimento de um produto digital. Apesar das variações e dos detalhes adicionais de cada um, você percebe que são similares.

Por esse motivo, podemos notar que, em certos casos, as funções de PO e PM são realizadas pela mesma pessoa, como se fossem atribuições do mesmo cargo. Isso é muito relativo e depende de diversos fatores, como:

- ✓ **Maturidade e aceitação do produto a ser desenvolvido:** o produto pode estar na fase de exploração inicial. Em outros casos pode ser para cuidar de produtos difundidos no mercado.
- ✓ **Perfil da empresa:** pode ser uma empresa conservadora ou inovadora. Isso afeta a abordagem da composição do quadro de cargos e pessoal.
- ✓ **Maturidade dos processos da empresa:** uma empresa que ainda não tenha os processos de RH ou de transformação digital equiparados aos padrões atuais de mercado pode ainda utilizar siglas dos títulos de cargos antigos para busca dos profissionais.

Linkando seus conhecimentos com a descrição da vaga

Olhando agora pela perspectiva de quem está em busca de uma oportunidade para iniciar na área de produto, também existem alguns cuidados e pontos importantes a serem comentados aqui.

Para simplificar, vamos trazer primeiramente os cargos que possuem afinidade com a área de produtos. É importante estar aberto a criar suas pontes com a área de produtos, não só tecnicamente falando, mas especialmente em *networking*, pois, em muitos casos, surgem oportunidades de atuação como profissional de produtos quando contratado para vagas e funções afins. Assumir uma vaga que possui afinidade com a área de produtos digitais pode ser um meio para acelerar sua transição. Assim, o profissional deve ficar atento e avaliar participar de processos seletivos para as vagas com as seguintes descrições (e similares):

- ✓ *Product Owner* (PO)
- ✓ *Product Manager* (PM)
- ✓ Analista de Produtos
- ✓ Analista de Negócios
- ✓ Analista de Requisitos
- ✓ *Business Partner*
- ✓ Analista de Qualidade
- ✓ Analista de Testes
- ✓ Analista de Marketing
- ✓ Analista de Mercado e Tendências
- ✓ Analista de Usabilidade

Além das vagas similares, é preciso entender também que nem todas as empresas adotam o mesmo padrão de nomenclatura de cargos. Por exemplo, um cargo com as mesmas atribuições de PO/PM pode ser divulgado em sites de recrutamento com o título de Analista de negócios, *Business Partner*, Analista de requisitos etc. Essas são denominações antigas da função, e muitas empresas ainda não se atualizaram – por isso, fique atento! Não desconsidere essas vagas para estrear em produtos. Se você tiver alertas de vagas salvas, vale a pena ter todos esses nomes mapeados para não perder as chances.

Aparecendo vagas no seu radar, leia atentamente a sua descrição, para ter uma ideia do que é esperado do profissional no momento da contratação.

E quando você achar uma vaga de produto que deu *match*, se joga!

Desejamos boa sorte! 😊

> *Você não consegue ligar os pontos olhando pra frente; você só consegue ligá-los olhando pra trás. Então você tem que confiar que os pontos se ligarão algum dia no futuro. Você tem que confiar em algo – seu instinto, destino, vida, carma, o que for. Esta abordagem nunca me desapontou, e fez toda diferença na minha vida. (Steve Jobs)*

19. Avaliando a oportunidade

Tamires Teixeira

Em busca de uma fonte de renda estável...

Carlos se sentou em frente ao seu computador, frustrado e desanimado. Já fazia meses que ele havia perdido o emprego anterior e, apesar de suas inúmeras tentativas, ainda não havia conseguido encontrar uma nova oportunidade. Ele estava começando a sentir a pressão financeira se acumulando e a ansiedade aumentando a cada dia que passava. Para resolver essa necessidade de uma vez por todas, ele pegou uma folha de papel e uma caneta e começou a rascunhar seu currículo novamente.

A expressão de determinação misturada com um toque de resignação se espalhava pelo seu rosto. Carlos já havia enviado dezenas de currículos e participado de várias entrevistas, mas sem sucesso. E agora ele estava disposto a considerar qualquer emprego que pudesse encontrar.

Ele pensou: "então agora é a hora de repensar a minha abordagem!"

Carlos decidiu que, para aumentar suas chances, ele precisava adaptar seu currículo a diferentes tipos de trabalhos. Ele sabia que isso poderia significar sacrificar suas preferências pessoais em termos de setor ou função, mas, no momento, o que ele mais queria era ter uma fonte de renda estável.

Espera! Você se identificou de alguma forma com o Carlos?

Segundo o IBGE (2023), o número de desempregados no primeiro trimestre de 2023 é de 9,4 milhões de brasileiros. Enquanto isso, milhares de vagas são divulgadas no LinkedIn, só para a área de produtos no Brasil (pesquisa realizada em 03 de julho de 2023 mostrou 2.665 resultados).

Sem dúvida, você já deve ter caminhado no centro de sua cidade. Imagine-se nesse cenário movimentado, rodeado por pessoas indo e vindo, com a energia pulsante das ruas. Enquanto você percorre as calçadas, é abordado por inúmeros folhetos, cartazes e promoções. Todos tentando chamar sua atenção, oferecendo produtos e serviços com promessas tentadoras.

Você aceita alguns desses folhetos, talvez por educação ou por curiosidade. No entanto, à medida que os panfletos se acumulam em suas mãos, você percebe que muitos são descartáveis. Eles não se conectam com o que você realmente precisa ou deseja. São informações genéricas que não despertam seu interesse verdadeiro.

Parando na próxima lixeira, você descarta todos esses papéis – afinal, não estão alinhados ao que você busca naquele dia.

Agora responda: quantas vezes você já se viu enviando currículos sem realmente analisar se a empresa está alinhada com o que você busca em sua carreira?

Na busca pela vaga ideal alinhando salário, cultura e propósito de carreira, quais são os aspectos que você deve levar em consideração ao se candidatar a uma oportunidade?

Sem querer você já leu

Talvez você já tenha visto em sua cidade algum *outdoor* escrito: "Sem querer você já leu! E o seu cliente também". As agências de publicidade utilizam essa narrativa para encantar os seus clientes e fechar negócios, afinal, mesmo que de forma inconsciente, no ônibus, carro, metrô ou andando, você sempre leva a sua atenção ao que está sendo divulgado no *outdoor*. Fomos criados assim, não tem escapatória: nos atraímos pelo que é belo, desejado ou bem anunciado.

Mas por que eu trouxe isso?

Quando estamos em busca de uma oportunidade de trabalho, é fundamental entender que as empresas buscam divulgar suas vagas da melhor forma possível. Afinal, elas desejam contratar o melhor capital humano para impulsionar e fortalecer ainda mais seus negócios. Gosto de lembrar que as empresas não nos contratam por aparência, mas pelos resultados que somos capazes de entregar.

Você provavelmente já ouviu falar de selos como "Great Place to Work" (GPTW) ou "lugares incríveis para se trabalhar". Algumas empresas investem em atrativos como pula-pula no escritório, programas de diversidade, *home office*, auxílio-creche e

Gympass para despertar sua atenção e se tornar a escolha mais atraente. No entanto, como diz aquele famoso samba, "nem tudo que reluz é ouro".

Diante disso, é importante que você atente para três pontos cruciais ao enviar seu currículo para uma empresa desejável. Vamos explorar cada um deles para que você possa tomar decisões mais acertadas em sua busca por uma oportunidade que esteja verdadeiramente alinhada com suas expectativas e seu propósito de carreira.

- ✓ **Cultura organizacional:** antes de se candidatar a uma vaga, pesquise e analise a cultura da empresa. Descubra seus valores, missão e visão. Certifique-se de que eles estejam em sintonia com os seus próprios princípios e propósito. Lembre-se de que um ambiente de trabalho saudável e uma cultura organizacional positiva são essenciais para seu crescimento e sua satisfação profissional.

> **Cuidado! Não pense que você será capaz de mudar a cultura da empresa. Peter Drucker diz que a cultura come a estratégia no café da manhã – quer dizer que a essência da empresa prevalece sobre qualquer tipo de planejamento ou tática. Ou seja, pesquise e veja se você de fato irá se adequar a esse local.**

- ✓ **Oportunidades de desenvolvimento:** verifique quais são as possibilidades de crescimento e aprendizado dentro da empresa. Analise se ela oferece programas de capacitação, mentoria, oportunidades de promoção e desenvolvimento de carreira. Isso garantirá que você possa continuar evoluindo e alcançando seus objetivos profissionais a longo prazo. Uma forma de fazer isso é perguntando ao recrutador durante a entrevista ou também pesquisando na página da empresa no LinkedIn e conversando com alguns funcionários.
- ✓ **Alinhamento com seus valores e propósito:** reflita sobre seus próprios valores e propósito de carreira. Certifique-se de que a empresa esteja em consonância com o que você busca. Pergunte-se se os valores da organização ressoam com os seus e se você se sentiria realizado trabalhando nesse ambiente. Lembre-se de que encontrar um emprego que esteja alinhado com seus valores e propósito é essencial para sua realização pessoal e profissional. Na prática, pegue papel e caneta e comece a anotar quais são os seus valores mais importantes. Reflita sobre o que você deseja devolver à sociedade e à sua comunidade. Pergunte a si mesmo o motivo pelo qual você acorda todas as manhãs e o que o impulsiona a seguir em frente. Anote essas informações em uma linha. Em seguida, na linha seguinte, escreva como a empresa que você escolheu pode ajudar você

a alcançar ou ser o caminho para esses objetivos. Quando colocamos nossos pensamentos no papel ou verbalizamos nossas ideias, elas começam a ganhar sentido e clareza. Esse exercício permite que você tenha uma visão palpável do que realmente importa para você em sua carreira e como a empresa escolhida pode contribuir para isso.

✓ **Propósito alinhado com financeiro:** talvez você já tenha ouvido a famosa frase: "trabalhe com o que ama e nunca mais terá que trabalhar na vida". Eu mesma cresci ouvindo isso, mas minha mãe sempre me lembrou da importância de lidar de forma consciente com o dinheiro. Afinal, precisamos ter uma relação honesta e transparente com a empresa em que trabalhamos: eu executo o trabalho e você me paga por isso. Portanto, quando estiver em busca de uma empresa alinhada aos seus objetivos, lembre-se de considerar também a questão financeira. Entenda qual é o salário oferecido. É possível negociá-lo? Durante a entrevista, faça perguntas sobre o plano de cargos e salários: quais são as métricas de entrada, se há bonificações ao longo do ano, se a empresa trabalha com Programa de Remuneração Variável (PRV) ou não.

Como você pode ver, é uma combinação equilibrada desses fatores que garantirá sua satisfação e realização na carreira.

Utilize a tecnologia a seu favor

Você pode utilizar sites específicos para realizar pesquisas sobre as empresas. Isso permitirá que você entenda a cultura organizacional, o propósito da empresa e o relacionamento dela com os colaboradores e a sociedade.

✓ **Glassdoor:** excelente ferramenta que oferece informações valiosas sobre as empresas. Nesse site você encontrará avaliações e comentários de funcionários atuais e antigos, que compartilham suas experiências dentro da organização.

✓ **LinkedIn:** rede social profissional que também pode ser uma fonte rica de informações. Além de encontrar detalhes sobre a empresa em sua página oficial, você pode explorar os perfis dos colaboradores atuais e antigos.

✓ **Redes sociais:** muitas empresas possuem presença forte nas redes sociais, como Facebook, Instagram, Twitter e YouTube. Ao seguir essas páginas, você terá acesso a informações atualizadas sobre a empresa, seus projetos, eventos, iniciativas de responsabilidade social e muito mais.

✓ **Site oficial:** é uma fonte fundamental de informações. Nele você encontrará detalhes sobre a história da empresa, sua missão, visão e valores. Além disso, muitas empresas possuem seções dedicadas a depoimentos de colaboradores, projetos sociais e eventos relevantes.

✓ **Gupy:** a Gupy também pode oferecer *insights* sobre as empresas que utilizam a plataforma em seus processos seletivos. Através de pesquisas e avaliações, você poderá acessar informações relevantes sobre a cultura organizacional, as oportunidades de crescimento e o ambiente de trabalho das empresas.

Leia a bula

Após realizar uma pesquisa comigo mesma, meus amigos e colegas de rede, cheguei a uma conclusão importante: poucas pessoas realmente leem a bula de um remédio, e muito menos o manual de instruções. Quem nunca comprou um móvel, quebrou a cabeça tentando montá-lo e depois descobriu que se tivesse lido o manual de instruções teria sido muito mais fácil do que imaginava?

Pois bem, a lição de hoje é simples, mas poderosa: **leia!** Isso mesmo, leia!

O descritivo das oportunidades de trabalho contém verdadeiro ouro. Lembra aquela máxima que mencionei anteriormente? "Ninguém nos contrata por aparência". Em outras palavras, as empresas vão contratá-lo se você tiver os requisitos e as qualificações necessárias.

Ainda que o ideal fosse possuir todas as qualificações necessárias à vaga, sabemos que geralmente isso não acontece. Portanto, apenas preocupe-se em atender à maioria delas, que será o suficiente para se inscrever na vaga.

Agora é hora de voar mais alto! Alinhe o seu currículo à vaga em questão utilizando as palavras-chave mencionadas no descritivo. Isso ajudará a chamar a atenção do recrutador e demonstrar que você possui as habilidades e experiências relevantes para a oportunidade.

Ao ler atentamente e compreender a descrição da vaga, você se preparará de forma estratégica para se candidatar e se destacar nos processos seletivos. Não subestime a importância de ler e compreender as informações disponíveis. Afinal, é a partir delas que você poderá identificar se a oportunidade está alinhada com seus objetivos e se você possui o perfil desejado.

20. Como contar sua história em uma entrevista

Daniélle Pombal

> *A imaginação é o começo da criação. Você imagina o que deseja e acredita que aquilo pode se tornar real. Todos os sonhos podem ser realizados por aqueles que se disciplinam o suficiente para acreditar neles (GODDARD, 2018).*

Meu objetivo neste capítulo é ajudá-lo a mitigar alguns riscos na etapa de entrevistas com os recrutadores.

Em minha jornada passei por diversos cargos (gerente, PMO, coordenadora, analista de sistemas), mas a partir de determinado momento eu comecei a tentar migrar para uma vaga de *Agile Coach*. Nesse processo tive algumas dificuldades, e foi aí que descobri que precisava aprender algumas habilidades para conseguir passar em todas as etapas do processo seletivo. Destaco duas delas:

1. **Posicionamento e segurança:** contar a minha história demonstrando segurança, enaltecendo minha capacidade de ocupar a vaga, ainda que em transição de posição, e fazendo uma correlação com as *skills* que já carrego em meu *background*.
2. **Adaptação ao público:** me preparar para saber adaptar a minha fala e a minha história de acordo com o público da entrevista.

Você pode estar se perguntando: como assim? Eu preciso de mais de uma maneira de contar a minha história? Ela é uma só!

E é isso mesmo, você precisa adaptá-la ao público, pois existem vários perfis de entrevistadores e precisamos estar preparados para entregarmos exatamente o que cada um espera receber; nem mais, nem menos.

Gosto de comparar as etapas a portões que precisam ser abertos para seguir no processo seletivo. As chaves para abrir os portões estão dentro de você, e treinar para contar a sua história fará muita diferença. Para isso, conte com o *feedback* de amigos e familiares para ajustar seu roteiro.

A seguir vou destacar três etapas onde normalmente você precisará adaptar a sua maneira de falar de acordo com o perfil do entrevistador:

- ✓ **Entrevista com recursos humanos e gestão:** o foco dessa entrevista é a avaliação do perfil comportamental do candidato, ou seja, as *soft skills*. O RH espera conhecer a sua história de vida e avalia o seu comportamento, sua comunicação e oratória, além de analisar se você possui os cursos e certificações exigidos na vaga. Lembre-se sempre de que a sua história teve momentos bons e ruins e que até os momentos que você considera ruins podem servir como mecanismos de *feedback* para melhoria do seu trabalho. Também é avaliado se você é uma pessoa que fala bem dos seus empregadores, portanto nunca menospreze a empresa anterior que o acolheu, independentemente do tempo e das pessoas com que conviveu, pois, com certeza, ela contribuiu de alguma forma para o seu aprendizado.

Para a abertura desse portão, é importante observar a afirmação do professor Hélio Couto (2015):

> *O entrevistador é uma pessoa experiente em julgar pela aparência. Olho no olho. Expressão corporal. Voz. O que se fala, como se fala, o quanto se fala. Nem demais nem de menos. O inconsciente do selecionador sente o inconsciente do candidato e passa a mensagem imediatamente: "Esse candidato não está bem". Raiva, ódio, angústia, medo, desespero, ansiedade, baixa autoconfiança, baixa autoestima, desvalia, timidez, qualquer detalhe faz com que a oportunidade seja perdida.*

- ✓ **Entrevista técnica, geralmente com a pessoa com a qual você pode trabalhar diretamente:** nesse momento o foco precisa ser no que você conhece, demonstrando suas habilidades técnicas (*hard skills*), mas também é necessário fazer com que o entrevistador sinta vontade de trabalhar com você. É necessário demonstrar o que você tem a agregar nessa nova posição. A chave para o segundo portão é despertar o desejo do entrevistador em ter você como companheiro de trabalho. Assim sendo, demonstre que não será uma competição e sim uma relação colaborativa ganha-ganha. O ideal é ter um dossiê com os resultados alcançados nas suas experiências anteriores.
- ✓ **Entrevista com executivo:** nessa entrevista você precisa ser claro, objetivo e sucinto. O ideal é ter uma apresentação executiva, *one page*, mostrando seus

principais projetos, conhecimentos, resultados e suas redes sociais e contatos. Você pode usar a técnica do *elevator pitch* ou discurso do elevador, que é um método breve para apresentar suas habilidades e conhecimentos sobre um assunto de modo atraente. Imagine que você tem uma oportunidade única de se apresentar para o presidente de uma empresa somente durante o tempo em que estarão juntos dentro do elevador. Essa é a mentalidade que você precisa ter durante essa entrevista. A chave para esse portão é saber contar sua história de forma bem sucinta e mostrar os seus resultados, fazendo com que o executivo encontre algum valor na sua contratação.

Nas três etapas, é muito importante estar sempre com a câmera aberta e a escuta ativa para conseguir entender a pergunta e responder exatamente o que foi perguntado, sem desvios e sem se alongar. Porém, ao finalizar sua fala, demonstre sua satisfação com a questão e abra para o próximo tema com leveza. Quanto mais interações, mais sinergia com o entrevistador você terá.

Outras dicas valiosas para as entrevistas

- ✓ Desperte a curiosidade do entrevistador para a sua história.
- ✓ Obtenha a atenção plena do entrevistador e crie uma conexão empática.
- ✓ Caso não tenha conseguido falar algo que considera de extrema relevância, procure o momento oportuno, mas seja breve, já que não foi perguntado.
- ✓ Escute o que o entrevistador tem a dizer.
- ✓ Busque formas de encaixar as suas habilidades na entrevista.
- ✓ Tenha um minicurrículo com seus principais projetos e seus contatos.
- ✓ Tenha uma *timeline* da sua história, os resultados alcançados nos projetos de que participou e alguns *cases* de sucesso.
- ✓ Esteja preparado para o imprevisível. Busque a melhor forma de resposta.
- ✓ Demonstre que você se preparou para a entrevista e mostre seu interesse em conhecer a nova empresa.
- ✓ Para administrar momentos de apatia e ansiedade, use técnicas como beber água e fazer pequenas pausas para pensar na melhor resposta.

Leve em conta que a não aprovação para uma vaga é o esperado e considere a entrevista um treino para você aperfeiçoar o jeito de contar a sua história. Mantenha o pensamento positivo, sabendo que você está no caminho para uma oportunidade ainda melhor. Use tudo a seu favor.

Voltando agora à minha dificuldade na migração de carreira: eu achava que a entrevista tinha sido ótima com o RH, meu currículo sempre foi bom, eu fazia muitos cursos e certificações, possuía vasta experiência profissional e equilibrava as *hard skills* e as *soft skills* necessárias para a vaga.

A pergunta é: tendo as qualificações emocionais e técnicas necessárias para a vaga, por que eu não conseguia abrir os três portões? Onde foi que eu errei? Para começar, eu não tinha parado em nenhum momento para criar a minha história e não tinha sequer imaginado que era preciso fazer uma equivalência entre as minhas experiências passadas e a nova função.

Com essa falha, na entrevista com o time técnico eles me perguntavam sobre a minha experiência com agilidade e eu respondia apenas sobre cursos na área de agilidade, afirmando que na prática eu somente teria atuado como coadjuvante de um agilista.

Em vez disso, eu deveria ter demonstrado o que eu realmente conhecia e ter passado segurança sobre a minha capacidade de exercer a função almejada.

Descobri, após perder várias oportunidades, que contar a minha história de forma concisa, clara, interessante e de modo a transmitir todo meu conhecimento e habilidade mental é a chave para abrir os portões.

Diante dos desafios que vivi, percebi que é preciso termos método e ferramentas para construir nossa história, de modo a estarmos prontos para passar segurança e encantar o recrutador. Neste capítulo mostrarei um método para **criar a sua história**.

Parte 1 – Elencando *hard skills* e *soft skills* da função

Convido você a pesquisar quais as habilidades que um *Product Owner* (PO) precisa para exercer bem a sua função, tanto *hard skills* quanto *soft skills*. Monte um controle para registrar todas as informações – pode ser Excel, Miro ou mesmo papel, o importante é ser organizado. Neste livro, os capítulos de *soft skills* e *hard skills* entregam a listagem de conhecimentos.

Separe o quadro em duas colunas. Na primeira você vai elencar as *hard skills* e na outra as *soft skills* que considerar necessárias para sua atuação como PO.

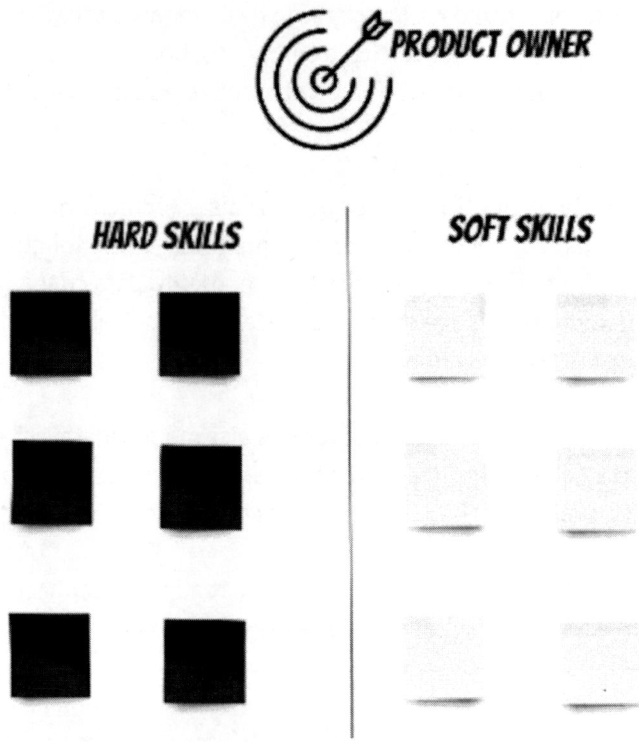

Figura 20.1. Levantamento das *soft* e *hard skills* necessárias para atuar como *Product Owner*.
Fonte: a autora.

Parte 2 – Resgatando habilidades exercidas em cargos anteriores

Para realizar este exercício usaremos a sua memória e isso demandará tempo; porém, é importante para se sentir seguro nas entrevistas. É válido ter uma linha de raciocínio bem elaborada e estruturada, como, por exemplo, seguir a ordem cronológica dos fatos para não se perder.

> *Conhecimento é poder, mas conhecimento sobre si mesmo é autocapacitação (DISPENZA, 2018).*

Para facilitar o resgate das habilidades de PO exercidas anteriormente em outros cargos, vou apresentar alguns exemplos de perguntas para despertar em sua memória as situações vivenciadas, de modo que consiga criar seu "inventário" de habilidades como profissional de produtos:

Em meu passado, já trabalhei com:

1. Participação em *brainstorming* para análise de problemas? Esta habilidade é útil para exercer a atividade de descoberta.
2. Escrita de requisitos de soluções? Esta habilidade é útil para elaboração de histórias do usuário (*user stories*).
3. Defesa de requisitos para não ficar fora do escopo? Esta habilidade é útil para exercer a atividade de priorização.
4. Detalhamento de funcionalidades em colaboração com o time técnico? Esta habilidade é útil para exercer a atividade de refinamento.

Siga o racional de exploração e monte todo o seu repertório, e é normal não lembrar de tudo no mesmo dia. Portanto, adicione mais itens conforme for se lembrando ao longo do tempo.

Parte 3 – *Skills* exigidas do *Product Owner versus skills* do candidato

De posse da lista das *hard* e *soft skills* de um PO, e da lista das suas habilidades resgatadas na própria trajetória profissional, crie tópicos correlacionando as *skills* de PO com a sua experiência.

Essa parte do exercício vai ajudá-lo a saber quais *hard* e *soft skills* você já possui, bem como possíveis lacunas de conhecimento que você poderá negociar com o entrevistador para desenvolver enquanto exerce o cargo, como um plano de desenvolvimento individual acordado com a empresa.

Parte 4 – Colocando as habilidades na linha do tempo

Construa a linha do tempo com os tópicos de acordo com o resgate das suas habilidades, sinalizando o que irá enaltecer a sua experiência, com grandes marcos e destaques, separando por cargo e empresa em que trabalhou (Figura 20.2).

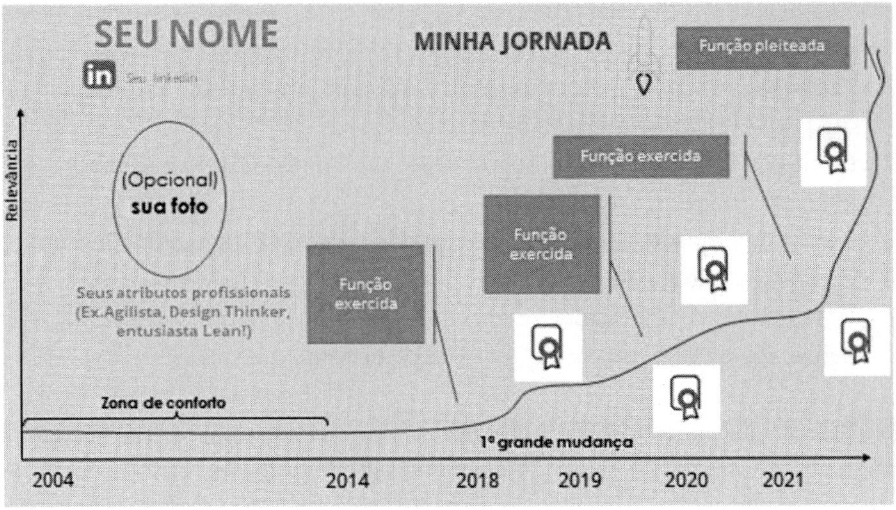

Figura 20.2. Exemplo da linha do tempo de uma carreira profissional.
Fonte: a autora.

Parte 5 – Ensaiando contar sua história empregando todo o seu repertório

Para isso, será necessário usar a sua imaginação, treinar a contação de história como se fosse uma peça de teatro e procurar ajuda de amigos para corrigir fala, postura e posicionamento.

Crie o seu roteiro de acordo com as vagas para as quais se inscreveu e a partir de questões que respondam como você atuaria para atender aos requisitos exigidos. Por exemplo:

- ✓ Liderar *squad* de segmento de cliente estratégico.
- ✓ Relacionar-se com áreas para garantir os melhores processos na visão de clientes externos e internos.
- ✓ Conduzir os ritos do método ágil em seu papel de PO.
- ✓ Contribuir com melhorias no modelo e atividades de transformação da empresa.
- ✓ Definir e acompanhar KPIs estratégicos para o *squad*.
- ✓ Garantir atualização de status em ferramentas do método ágil.
- ✓ Contribuir para o engajamento dos times e gestores na participação dos ritos – papel fundamental na formação e sustentação de times.
- ✓ Reportar desvios dos acordos e negociar novas soluções.

- ✓ Envolver áreas para definição de regras de negócio e homologações.
- ✓ Prezar pela qualidade das entregas, atuar junto aos QAs e eliminar dúvidas de negócios.

Adapte as respostas conforme os estímulos do entrevistador e, se possível, comece contando o caminho feliz. Mas esteja pronto para responder sobre como você reagiu em experiências anteriores quando as coisas não saíram como o esperado, pois a resiliência para trabalhar em ambientes sob pressão é um diferencial no mercado de trabalho.

Tenha no seu repertório organizado de experiências anteriores uma história onde precisou lidar com o caos. Caso o assunto seja abordado pelo entrevistador, você terá a oportunidade de demonstrar sua capacidade de lidar com ambiente caótico, com foco em resultados não planejados, causando menor prejuízo e também tirando proveito dos "cisnes negros" que aparecem, conforme cita Taleb (2020).

Espero ter ajudado você a sair da inércia e impulsioná-lo a fazer um comparativo do seu passado, presente e futuro para migração de carreira.

21. Como calcular sua pretensão salarial?

Bianca Balbino Amorim

Salário é um assunto que normalmente gera desconforto dentro dos processos seletivos, pois, de um lado, as empresas não disponibilizam a faixa salarial da vaga e, do outro, candidatos não sabem precificar o seu próprio salário. A pretensão salarial deve corresponder à sua entrega e responsabilidade dentro da empresa.

As empresas fazem a pergunta de qual é a remuneração salarial desejada nos processos seletivos para identificar o *fit* financeiro com a vaga. Por exemplo: você pede um salário de R$ 6 mil e a posição tem faixas salariais que chegam a no máximo R$ 3,5 mil – ou seja, sua pretensão salarial não está dentro das faixas disponibilizadas pela empresa. Por esse motivo é muito importante ter clareza da sua experiência profissional e das informações da empresa. A informação salarial é normalmente solicitada no momento do primeiro contato com o RH. No caso da área de tecnologia, temos a figura da pessoa *Tech Recruiter*, mas essa informação pode ser solicitada em sites onde você está se candidatando.

Uma dica importante ao comunicar a sua pretensão salarial é ser flexível na maneira de transmitir a informação. Considere que a forma da resposta poderá fazer com que a empresa se esforce para melhorar a proposta. Vejamos um exemplo adequado: algo entre R$ 10 e 12 mil me interessaria, haja visto que gostei dos benefícios da empresa.

Para você se preparar para esse momento, será necessário pensar nas seguintes perguntas:

1. Qual é a empresa?
2. Qual o segmento e porte?
3. Para qual cargo você está fazendo a transição?
4. Qual a senioridade da vaga?
5. Você já possui experiência com esse cargo?
6. Você possui experiência no negócio em que pretende atuar?

Você precisará pensar nessas perguntas para chegar na sua pretensão salarial.

Há pessoas que se interessam por um cargo e área de atuação e como consequência buscam estudar para se tornarem aptas a se candidatar a vagas. Há também pessoas que fazem uma análise de seu *background* profissional para depois avaliar a quais cargos e áreas poderão ter maior aderência, melhor aproveitamento e, se necessário, buscam estudar para suprir suas lacunas.

A pesquisa de cargo pode ser feita no Google ou em um site chamado Glassdoor. O Glassdoor ajuda a identificar a média salarial do cargo, para que você tenha uma noção de valores. Para fazer essa pesquisa, basta entrar no site do Glassdoor e colocar o cargo que você está buscando – por exemplo: *Product Manager*.

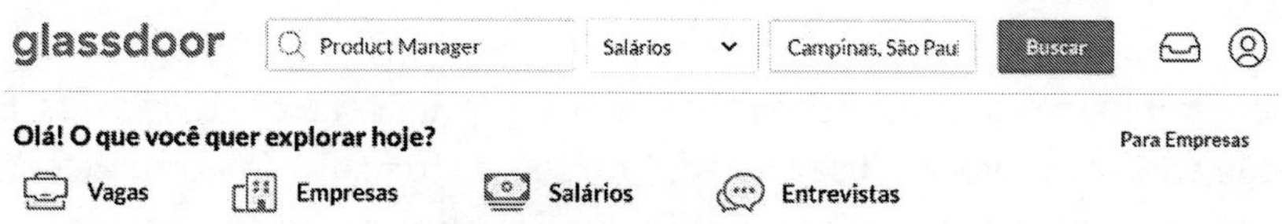

Figura 21.1. Pesquisa de cargo.
Fonte: captura de tela da autora.

Conforme a imagem anterior, você irá colocar o cargo, salários e região para fazer a busca. No Glassdoor existe ainda a opção de pesquisar o salário do cargo dentro de determinada empresa.

Figura 21.2. Salários para *Product Manager*.
Fonte: captura de tela da autora.

Pronto!

A busca retornou o cargo de *Product Manager* com média salarial de 11 mil reais por mês. Todavia, ainda existem alguns pontos que precisam ser levados em consideração, como, por exemplo o porte da empresa, seu segmento de atuação e a sua senioridade como candidato, ou seja, se você já atua na área ou se está buscando uma transição de carreira.

As pessoas que estão buscando uma transição de carreira devem ter em mente que nem sempre as empresas irão conseguir ter uma proposta salarial compatível com sua remuneração atual. Muitas vezes é necessário ter um *downgrade* de salário para conseguir a sua transição de carreira.

Prepare-se financeiramente para receber um valor abaixo da sua remuneração atual, especialmente se você recebia valores altos. Agora, por outro lado, se sua remuneração atual for baixa, a transição de carreira para a área de produtos, com sua devida preparação e aproveitamento de suas experiências anteriores, poderá resultar em propostas mais atrativas.

Considere também o seu custo de vida atual. Avalie quais são os seus gastos. Do que você pode abrir mão? Você consegue reduzir o seu custo fixo? É importante que nesse momento você entenda a sua realidade financeira e consiga passar uma informação de pretensão salarial de acordo com as suas necessidades mensais.

O modelo de contratação que você está disposto a aceitar influenciará na sua pretensão salarial. Em oportunidades CLT, além dos salários, você contará com os benefícios da empresa: eles são uma remuneração indireta, ou seja, também devem fazer parte dos cálculos na negociação da sua pretensão salarial. Além disso, você precisa avaliar o plano de carreira, PDI (Plano de Desenvolvimento Individual) que você terá dentro da empresa, pois muitas vezes você irá receber menos no início, mas poderá compensar futuramente.

Com as análises sugeridas neste capítulo, será possível ter mais objetividade na hora de falar sobre a sua pretensão salarial.

Conclusão da Parte IV

A Parte IV explorou dicas valiosas que podem ser usadas tanto no início da sua transição de carreira quanto ao longo dos seus novos recomeços. Recomeços são importantes e fazem parte da busca pelos nossos sonhos, sejam eles materiais ou profissionais. O importante é buscar uma profissão que nos realize.

PARTE V.
CONCLUSÕES FINAIS

Consegui a primeira oportunidade! Como continuar evoluindo?

Um dos lemas mais importantes do *Lean* e que é usado em vários *frameworks* ágeis, incluindo os de escala, é: melhoria contínua até a perfeição. Como a perfeição não existe, as lições aprendidas desta Parte V são fundamentais para toda a sua carreira na área de produtos e, acreditamos, em qualquer área ligada à tecnologia da informação, pelo menos. Vamos destrinchar juntos então como continuar evoluindo e aprendendo?

22. Dicas para o iniciante

Vanêssa Santana
Manuela Vinhas
Josineide do Nascimento
Carlos Eduardo do Nascimento
Juarez Barreto Azevedo
Rafael Ferreira Bittencourt

Visando uma jornada segura em seus primeiros passos, considerando principalmente os desafios de se adaptar a uma nova empresa ou uma nova área, destacaremos os pontos relevantes a serem observados.

Alinhamento de expectativas

Ao assumir a nova posição, o profissional precisa saber se posicionar frente aos novos líderes e colegas, para que aumente desde o primeiro dia as chances de ter uma jornada que satisfaça a empresa e o profissional.

Diante desse desafio, é preciso pensar a carreira de forma estratégica, planejando os passos dos primeiros 90 dias com técnicas que auxiliem a construção e a execução do plano.

Com foco nos seus primeiros momentos, destacamos como mais importante a ação de alinhamento executivo, como, por exemplo, a **conversa com seu líder imediato**: você deve se planejar e mostrar organização e atitude desde o primeiro dia. Uma boa prática é conseguir uma agenda de pelo menos uma hora com seu chefe – isso porque o seu primeiro cliente é ele, e você precisa estar alinhado com as expectativas dele. Na condução do processo, seja você o organizador da reunião. Envie agenda e crie a pauta com perguntas-chave como:

- ✓ Quais são as entregas fundamentais para o meu papel?
- ✓ O que posso fazer para me destacar nas entregas?

Com o resultado, faça uma lista de entregas separando por prazo de 30, 60 e 90 dias, e assim você terá seu "acordo de sucesso" estruturado.

Para ter constância e consistência nas entregas, crie uma rotina de *feedback* a cada 30 dias, mas não faça isso de qualquer forma. É sempre aconselhável materializar em *slides* para valorizar as conquistas, facilitando assim o reconhecimento. Crie seu material todos os meses e use-o sempre que julgar necessário.

Abertura

É muito importante iniciar suas interações com a nova equipe com a mente aberta, escuta ativa, humildade e respeito às opiniões dos integrantes. Tenha curiosidade para aprender tudo que envolverá a sua nova posição. No entanto, não tenha medo de dar opiniões no primeiro dia de trabalho, pois é importante ajudar na transformação do produto e na resolução de problemas – isso é esperado de você como uma função básica.

Observação

Observe tudo ao seu redor: *stakeholders*, produtos, objetivos da empresa e pessoas envolvidas no ecossistema para o qual você deverá entregar resultados, pois através das pessoas você conseguirá obter a visão do produto e a estratégia que adotam até o momento.

Faça uma análise crítica das últimas *releases* do produto, para que você ganhe ritmo de trabalho com a equipe. Avalie o *backlog* do produto priorizado para as próximas *releases*.

Para criar um entrosamento saudável com o time desde os primeiros dias, procure, através de conversas com cada membro, entender as percepções de cada um a respeito do produto e da empresa e o que poderia ser sugerido para melhorar a produtividade.

Uma última sugestão relevante seria observar como seus pares trabalham, saber como são apresentados os resultados e como é feita a interação com os executivos. Busque *templates* para acelerar o seu aprendizado, especialmente a respeito da cultura da empresa.

Conheça o time

Nossa sugestão é que você conheça a equipe em nível pessoal para buscar sintonia e para que o time saiba que pode contar com você. Durante as conversas, sempre use do bom senso e respeite as opiniões. Seja um bom ouvinte. O foco aqui é unicamente conhecer o colega e entender o que cada um faz e como seu trabalho contribui para a entrega do produto.

Seguem alguns passos:

1. **Reunião geral de apresentação:** o seu gestor poderá organizar esse momento, para abrir as portas. Sua apresentação geralmente será rápida, e você pode aproveitar para sinalizar ao time que irá procurá-los para conhecê-los melhor.
2. **Aposte no *one on one*:** já com as portas abertas pelo gestor, procure as pessoas-chave de relacionamento e os membros do time para se conhecerem melhor.
3. **Conheça e respeite a cultura, os valores, a missão e a visão:** procure ter clareza da razão da existência da organização, sua história, como surgiu, como chegou até aqui e quais são os objetivos de longo prazo.

Entenda o produto e conheça as dores

Para os seus primeiros passos no conhecimento do produto, explore os seguintes itens:

1. Alinhamento do time sobre a visão do produto.
2. Experimente o produto: seja você um *heavy user* do seu produto, como um cliente.
3. Realize *benchmarking*: compare o produto com a concorrência, busque sanar as dores dos clientes.
4. Entenda como funciona a rentabilidade do produto.

Para conhecer as dores, é um bom caminho:

1. capturar as dores através de pesquisa NPS;
2. capturar os principais motivos de *churns*;
3. verificar *tickets* sobre as dificuldades da experiência do cliente;
4. entrevistar *stakeholders* das áreas envolvidas com o produto;
5. por fim, entrevistar clientes para se aprofundar.

Peça ajuda

Quando iniciamos em um cargo, queremos "mostrar serviço", mas tentar fazer algo que você não entende pode fazer você parecer teimoso ou até mesmo incompetente. Exercite a humildade, permita-se aprender, troque experiências e vença o medo de julgamentos.

Antes de pedir ajuda, analise o que você precisa saber para fazer a pergunta de forma clara e rápida. Em vez de dizer que não entendeu nada, experimente perguntar, por exemplo: "como você realizaria esta tarefa?" ou "como você gostaria que eu executasse este trabalho?".

Demonstre gratidão pelas orientações recebidas e lembre-se de que uma boa interação impacta nos resultados da equipe.

Estude e anote tudo!

Não confie em sua memória e anote todas as suas percepções, mantendo sua mente organizada. Você já deve ter ouvido alguém dizer: "anote para memorizar e não esquecer!"

Não se sobrecarregue tentando se lembrar de tudo. Tenha o hábito de anotar e revisite o que escreveu sempre que precisar. Não precisa necessariamente escrever em um papel, pois há diversas formas de realizar anotações de forma digital – o importante é registrar.

Siga esses passos e tenha uma trajetória de conquistas e evolução constante.

23. Dinâmicas para construção de times

Karolliny N. S. Lima
Rafael Ferreira Bittencourt
Juarez Barreto Azevedo

A comunicação está presente em todo o ciclo de vida de um projeto de software e permeia todos os aspectos do trabalho do profissional de gerenciamento. Com o aumento substancial da demanda por profissionais qualificados da área de TI, as empresas vêm optando pela contratação remota ou *home office*, visando a continuidade dos projetos e redução de custos.

Como a distribuição dos times alcança escalas globais, observando os problemas outrora existentes nos projetos, observa-se a potencialização do cuidado que as empresas precisam ter acerca da qualidade e efetividade da comunicação dos times. A seguir, algumas práticas que auxiliarão nesse processo.

Por onde começar?

Para profissionais em transição de carreira ou para aqueles que estão iniciando em uma nova empresa, é indicado que nos primeiros contatos com o time sejam promovidos momentos de integração para se conhecerem. Para criar um melhor engajamento e relacionamento entre os membros do time, esse evento de integração é chamado de *team building*.

A literatura versa sobre várias formas, presenciais ou remotas, para a realização desses momentos. Colaborar com a pessoa responsável pela facilitação ou ser o protagonista que assume a organização desses eventos na sua empresa fará de você um profissional diferenciado.

A seguir serão apresentadas, segundo Barbosa e Araujo (2020), alguns passos para a formação de times:

1. Definir a missão do time (a razão pela qual o time existe, o motivo pelo qual foi concebido)
2. Definir a estrutura do time

3. Definir a matriz de competências
4. Definir a matriz de responsabilidades
5. Definir uma matriz de autorização ou delegação
6. Definir as "regras de ouro" do time
7. Definir metas e estabelecer o ambiente desafiador
8. Definir critérios claros de seleção de novos membros
9. Definir critérios claros de avaliação de desempenho
10. Acompanhar, avaliar e melhorar tudo

Antes de colocar em prática os passos citados, você pode começar com a dinâmica do **quebra-gelo**, ou *ice-breaker*, onde o facilitador pedirá que os participantes escrevam em *post-its*, por exemplo, as seguintes informações:

- ✓ Nome
- ✓ Papel
- ✓ Qual a sua característica mais marcante?
- ✓ O que você adora no seu trabalho?
- ✓ O que você gostaria de melhorar no seu trabalho?
- ✓ Como está o seu momento na vida pessoal e profissional?
- ✓ Principal expectativa sobre o projeto

A seguir, um exemplo de dinâmica que poderá ser aplicada para definir o time, as metas, os desafios, as regras e demais acordos.

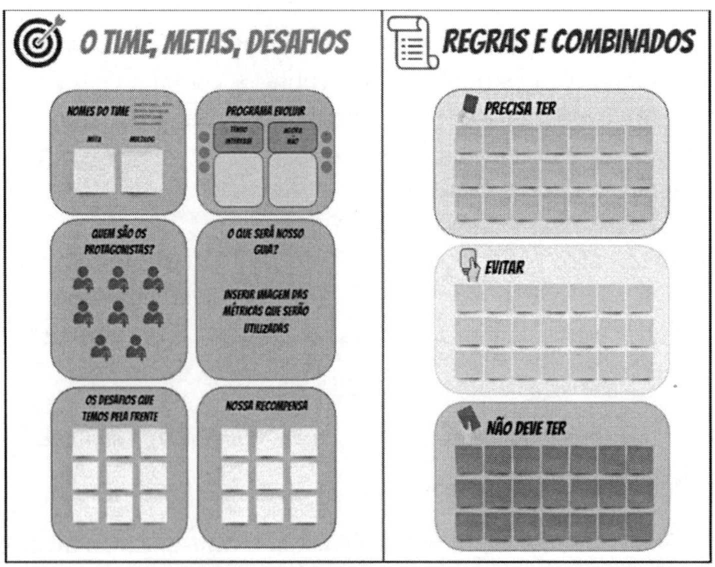

Figura 23.1. Dinâmica de metas e combinados.
Fonte: os autores.

Esses acordos devem ficar visíveis e disponíveis para todos do time, sendo possível fazer atualizações periódicas, pois as necessidades mudam. Na figura a seguir você poderá explorar o que as pessoas sabem a respeito dos seus próprios papéis e responsabilidade e ajustar em conjunto.

Figura 23.2. Dinâmica de papéis do time.
Fonte: os autores.

Vale ressaltar que neste capítulo nos limitamos a exemplificar algumas dinâmicas como ponto de partida. Recomendamos que busque aliados dentro da sua empresa para que juntos procurem complementar o evento.

O cuidadoso processo de construção de times fortalece laços, fomenta a colaboração e potencializa o relacionamento com os desenvolvedores. Juntos, estaremos prontos para alcançar conquistas extraordinárias.

24. Como o profissional de produtos deve atuar em times ágeis que não possuem *Scrum Master*?

Roberta Kühleis
Rafael Ferreira Bittencourt
Juarez Barreto Azevedo

Primeiramente, vale lembrar que time ágil é um conceito amplamente difundido no mercado. Muito se fala em como eles se organizam, como convivem e quais são os papéis fundamentais para configurar um time verdadeiramente ágil. Temos uma diversidade enorme de tipos de equipes, criadas para atender da melhor forma a diferentes negócios.

A formação ideal, segundo o *Scrum Guide*, é que existam os papéis de *Scrum Master* (SM), *Product Owner* (PO) e Time de Desenvolvimento, mas, por diversos motivos, essa não é a realidade de todas as empresas.

Como os profissionais de produto devem atuar em times sem *Scrum Master*?

Para suprir a lacuna deixada pelo *Scrum Master*, é necessário entender que as atividades inerentes a ele precisam ser assumidas e executadas.

É importante ressaltar que empresas têm ecossistemas, negócios, culturas, times e composições diferentes e, por isso, nem sempre o que cabe para uma caberá para as demais. Não exija das empresas que elas tenham todos os papéis.

Como o *Scrum Master* é um perfil que requer *skill* de gestão, nem sempre você encontrará uma pessoa preparada dentro do Time de Desenvolvimento. Nesse caso, a liderança da empresa tende a definir que o próprio *Product Owner* acumule o papel de *Scrum Master*, ainda que existam riscos de conflito entre os papéis.

Ao ter que assumir os dois papéis, o profissional de produtos precisará se organizar para dividir o seu tempo para exercer as atividades do *Scrum Master*, tais como: facilitação de cerimônias, remoção de impedimentos, liderança servidora, acompanhamento e aferição das métricas de desempenho e proteção do time de interferências externas.

Dica: não seja autoritário ao direcionar o seu time. Independentemente do papel que você esteja representando, a sutileza garantirá o sucesso junto ao time.

Se olharmos para o mercado, existem inúmeros *Scrum Masters* que migraram para a área de produtos, e o oposto também é verdadeiro. Isso comprova que há, sim, uma proximidade grande entre os papéis e que é possível desempenhar ambos com maestria.

Não tenha medo de assumir uma nova posição na área de produtos, ainda que em um contexto ausente de um *Scrum Master*. A formação das equipes é dinâmica e poderão alocar um *Scrum Master* em algum momento à frente.

Não reclame por estar executando mais de um papel dentro do time, pois essa é uma oportunidade para aprender e crescer profissionalmente.

Caso você se encontre acumulando responsabilidades, é importante alinhar com sua liderança o volume de horas de trabalho, especialmente se houver sobrecarga que resulte em horas extras para garantir a qualidade das entregas.

25. Como elaborar um *case* de sucesso da sua carreira

Jordy Zaikoski Gularte
Juarez Barreto Azevedo
Rafael Ferreira Bittencourt

Antes de ir para uma entrevista de fato, confira se está preparado para apresentar um *case* de sucesso da sua carreira. Fique tranquilo: independentemente das suas experiências anteriores, e mesmo que elas não tenham relação com a área de produto, você pode criar um *case* de sucesso onde você foi protagonista.

Construir um *case* de sucesso vai ajudá-lo a se comunicar melhor durante a entrevista de emprego, seja com a pessoa recrutadora ou com a liderança. Porém, é necessário aplicar técnicas para construir o *case* e apresentá-lo. É sobre isso que falaremos neste capítulo. Para simplificar a sua jornada, selecionamos o método **CAR** para construir seu *case*.

A sigla CAR significa **Contexto**, **Ação** e **Resultado** e, apesar de simples, é uma forma extremamente poderosa de organizar as informações para transmiti-las com clareza.

Ao utilizar a técnica CAR, não estamos apenas aprimorando a clareza e a organização, também estaremos mostrando as suas competências de demonstração de contexto e resultado, facilitando ao recrutador a visualização da sua aderência à vaga (LEME, 2012).

Segue o conceito de cada palavra que compõe o método CAR:

- ✓ **Contexto:** descreva a situação desafiadora que lhe foi confiada no contexto da empresa e da equipe, quais eram os riscos, os impactos financeiros, prazos e qual era a conexão da situação com a estratégia da empresa.
- ✓ **Ação:** detalhe as medidas adotadas para resolver o problema, explique de forma precisa quais foram suas principais ações para atingir os objetivos e como você e sua equipe mediram e acompanharam os resultados (métricas e metodologia de *feedback*).

✓ **Resultado:** explique os resultados alcançados, mencione tanto os aspectos quantitativos quanto os qualitativos, destacando como suas atividades tiveram um impacto positivo na organização, na equipe e nos clientes.

Mostraremos a seguir, através da Figura 25.1, o método CAR aplicado em uma história fictícia para facilitar a compreensão:

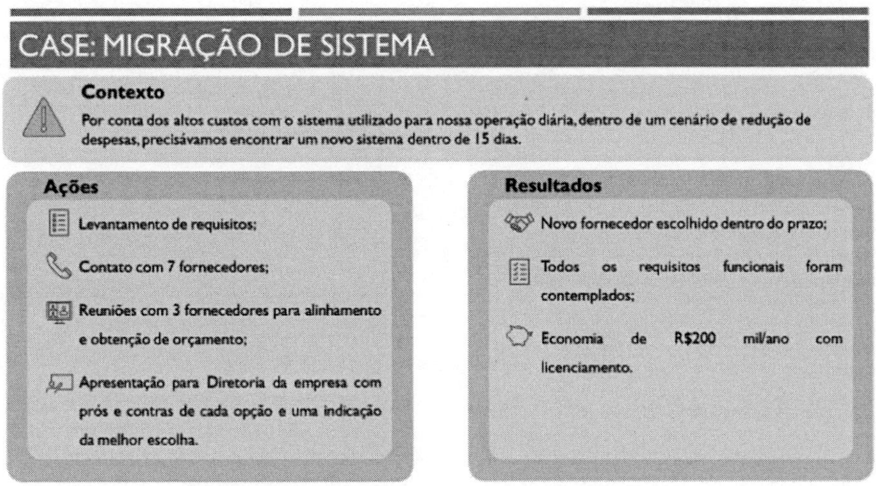

Figura 25.1. Apresentação de *case* com o método CAR.
Fonte: os autores.

Adeque o layout de apresentação do seu *case* de sucesso conforme o público-alvo e a empresa e fique à vontade para inserir imagens ou vídeos para incrementar seu *storytelling*.

Vale ressaltar que ao construir o seu *case* você precisa ser honesto e verdadeiro, sem exageros.

Lembre-se de que você precisa treinar como contar a sua história do *case*, então sugerimos que leia também o capítulo **Como contar sua história em uma entrevista**.

PARTE VI.
CASES E *PODCASTS*

A sexta parte deste livro traz *cases* de profissionais que fizeram a transição de carreira, detalhando as lições aprendidas, ferramentas utilizadas e dicas valiosas. Nada melhor do que escutar histórias de transição para aumentar a motivação e nos ajudar a traçar a nossa própria jornada.

26. Um exemplo de *Product Owner* nas áreas de suporte e operações

Juarez Barreto Azevedo

Edição do *podcast*: Ibson Cabral

Nome da empresa ou setor	Empresa de consultoria que apoia os clientes na elevação da maturidade operacional, transformação digital, inovação tecnológica, com foco especial na entrega de resultados de negócio.
Descrição do problema ou oportunidade	Redução de custos e de falhas operacionais por meio de automação dos processos.
Ações realizadas	Implantar soluções de automação com base no domínio dos processos de negócio, usando tecnologias como RPA, C#, .NET, Cloud Azure, SQL Server etc.
Principais resultados e aprendizados	Sistema orquestrador de arquivos do faturamento nacional e aplicação de regras inteligentes para validação massiva com base em parâmetros de negócio cadastrados em uma arquitetura de solução versátil que pode ser replicada para várias outras áreas e processos do cliente. Com o grande sucesso da ferramenta e sua flexibilidade para adaptação, foi possível escalar para outros clientes.
LinkedIn dos responsáveis pelo *case* e entrevistadores	<https://www.linkedin.com/in/juarez-barreto-azevedo/> <https://www.linkedin.com/in/lucia-stela-lopes/>

Procure no Spotify pelo *podcast* # 200 JornadaCast ou acesse:

Figura 26.1.

27. A empresa mudou para a agilidade e agora sou *Product Owner*, o que fazer?

Wesllen Pereira

Edição do *podcast*: Ibson Cabral

Nome da empresa ou setor	Empresa de tecnologia e implantação de sistemas.
Descrição do problema ou oportunidade	A empresa decidiu migrar para a agilidade e iniciou com o método *Scrum*, porém houve certa dificuldade a princípio. Faltava conhecimento sobre as melhores técnicas e formas de aplicação.
Ações realizadas	Os analistas de negócio da empresa passaram a exercer a função de *Product Owner*, o que foi um desafio. Dessa forma, tiveram a iniciativa de fazer cursos, participar de grupos e comunidades de POs, e buscar diversas outras formas de aprender mais sobre a função. Tudo com a intenção de aplicar as melhores práticas ágeis.
Principais resultados e aprendizados	As dificuldades enfrentadas na migração para o modelo ágil foram superadas, o conhecimento sobre a cultura de produtos foi aumentado, com as pessoas aprendendo tanto em estudos quanto com troca de experiências na comunidade de POs. Continuam com a prática do aprendizado contínuo e colaborativo.
LinkedIn dos responsáveis pelo *case* e entrevistadores	<https://www.linkedin.com/in/wesllenp/> <https://www.linkedin.com/in/lucia-stela-lopes/>

Procure no Spotify pelo *podcast* #199 JornadaCast ou acesse:

Figura 27.1.

28. De analista de requisitos à carreira de produto – Desafios e protagonismo

Patricia Rodrigues Souza

Edição do *podcast*: Ibson Cabral

Nome da empresa ou setor	Setor bancário.
Descrição do problema ou oportunidade	Sentiu o desejo e reconheceu a oportunidade de se especializar na carreira de produtos e ter a visão de negócios, a visão do todo.
Ações realizadas	Primeiramente refletiu sobre as competências das funções de PM e PO, verificando as experiências que já possuía e o que faltava. Fez uma formação a fim de complementar as competências necessárias e procurou auxílio de um mentor. Assumiu ambos os papéis (PO e PM) no setor bancário e conseguiu pôr em prática o conhecimento adquirido com muito cuidado, a fim de engajar o time e evitar resistências. As melhorias foram acontecendo conforme as experiências cotidianas eram vivenciadas, enfrentando as dificuldades, estudando, avaliando as situações, interagindo com a gestão e trabalhando dinâmicas e *workshops* com o time.
Principais resultados e aprendizados	Superou as dificuldades, reconheceu as oportunidades e posicionou-se na função como protagonista, conquistando a confiança do time e também da alta gestão.
LinkedIn dos responsáveis pelo *case* e entrevistadores	<https://www.linkedin.com/in/patricia-rodrigues-productowner/> <https://www.linkedin.com/in/lucia-stela-lopes/>

Procure no Spotify pelo podcast #201 JornadaCast ou acesse:

Figura 28.1.

29. De editor de vídeo a *Product Owner*, passando por UI/UX

Gabriel Eslava

Para falar sobre minha transição para a área de produtos, começarei contando de onde vim e os passos que me levaram a chegar no papel de *Product Owner.*

Meu primeiro interesse foi na área de "Rádio e TV", por isso iniciei meus estudos na universidade. Após dois anos de curso, a graduação passou a ser mais completa, com o nome "Rádio, TV e Internet". Esse acréscimo tinha o objetivo de nos fazer entender as tendências audiovisuais que evoluíam rapidamente para os meios digitais, a exemplo dos serviços de *streaming* como Netflix e YouTube, bem como o surgimento do Instagram.

Antes mesmo do término do curso, comecei a trabalhar na área de edição de vídeos, gravando e editando aulas, eventos e basicamente tudo o que envolvesse vídeo, foto e áudio, tanto em mídias *offline* como plataformas digitais. E assim foi por seis anos, onde fui acumulando conhecimento e experiência na área.

Em 2018 me mudei de cidade e de emprego, passando a atuar em uma *software house* contábil na área de marketing. Minha função era criar todo o conteúdo audiovisual da empresa, inclusive vídeos com foco em destacar as maravilhas das funcionalidades que existiam nas soluções oferecidas pela empresa.

Foi aí que, enquanto pensava em cor, trilha sonora e efeitos visuais, eu comecei a me perguntar como as funcionalidades poderiam ser melhores. Surgiram reflexões como:

- ✓ E se esse botão fosse mais evidente?
- ✓ Por que tantos campos de informação em apenas uma tela?

Já atento às reflexões que tive, passei a me interessar e participar das conversas dos designers da empresa, que falavam de usabilidade, UX, interface, testes e outras coisas, e aquilo me encantou. Decidi então estudar e tentar entender melhor os caminhos que levavam um produto digital ao sucesso ou ao fracasso.

Após pouco mais de três meses de estudo, passei a criar protótipos. Em um deles eu recriei um *app* que a minha empresa pretendia lançar. A partir daí, comecei a ser envolvido em projetos iniciais dos produtos digitais.

Completando um ano e seis meses na área de UX/UI, decidi me arriscar no mercado de trabalho para encarar novos desafios. Reformulei meu perfil do LinkedIn e trabalhei no meu portfólio. Em pouco mais de duas semanas recebi uma proposta do aplicativo "Kim" para atuar na área de produtos, ainda no papel UX/UI, que tem foco em mobilidade urbana. Foram muitos desafios, funcionalidades novas, alinhamento de layout, usabilidade e tudo isso com a pressão de uma *startup* que cresce rápido.

Pouco antes de completar um ano de empresa, fui convidado a assumir o papel de *Product Owner*. Como já tinha bagagem da empresa, entendimento dos fluxos e do funcionamento do *app*, topei o desafio. Desafio no qual estou aprendendo, descobrindo e evoluindo.

Tenho consciência de que é um papel de entrada na carreira de produtos e que ainda não tenho uma atuação estratégica. Tenho trabalhado no *Discovery* e na funcionalidade em si e aos poucos vou tendo uma visão mais ampla de mercado, concorrência e *market fit*. Para alcançar esse resultado foi necessário muito aprendizado e troca de conhecimento.

Sou grato a quem contribuiu com um bloquinho de sabedoria para a minha experiência e a todas as pessoas que confiaram em mim para desenvolver funcionalidades e produtos que facilitam o dia a dia das pessoas.

30. Marcos da minha transição de carreira

Susana Vieira Farias

Durante minha experiência profissional pude viver vários momentos cruciais, que me tornaram a profissional que sou hoje.

Marco 1: como fui para a área de produtos

Durante minha atuação como Analista de Testes, tive a oportunidade de documentar requisitos baseados nos cenários reais dos clientes. Foi aí que passei a entender a importância de pensar sempre na visão de negócio. Com esse pensamento e dedicação à qualidade das entregas, fui convidada a fazer parte da equipe de produtos, que na época estava apenas iniciando na empresa.

Marco 2: desafio de gestão de produtos com método *waterfall*

Em 2012, tive a oportunidade de assumir uma posição de analista de produtos utilizando o *waterfall*. O maior desafio com esse método foi garantir qualidade, comunicação e interações com o cliente. Por essa razão entendi que devíamos expandir nossas ações para além dos métodos utilizados e nos preocuparmos também com nosso comportamento, comunicação, resiliência, responsabilidades e relacionamento com o cliente, time e demais *stakeholders*.

Marco 3: minha primeira atuação como *Product Owner*

Em 2014 a empresa decidiu investir em métodos ágeis, focando no *framework Scrum*. Assumi na ocasião o papel de *Product Owner* (PO), que mudou a minha forma de pensar, agir e fazer entregas. Além de estudar e aplicar as necessidades exigidas do papel de PO, decidi também fazer uma pós-graduação em Engenharia de Software, com o objetivo de melhorar o entendimento e a comunicação voltadas à área *tech*.

Marco 4: incrementando o repertório de técnicas

Em 2017 foquei no estudo e no uso de novos fluxos de trabalho envolvendo as áreas de negócio e *tech*, com o objetivo de garantir a entrega de soluções com valor para o cliente. Pontos explorados:

- ✓ **Ajuste de cerimônias:** adaptando conforme o contexto do time.
- ✓ **Fluxo *upstream* e *downstream*:** os processos e *frameworks* sozinhos não trazem resultados, mas fortalecem a comunicação visual e oral entre equipes, promovendo o entendimento prático sobre a real dor do cliente.
- ✓ **Unindo especificações de negócio e *tech*:** o trabalho de especificação da solução não precisa e nem deve ser solitário. Após o levantamento das informações necessárias sobre o problema ou oportunidade, mostrou-se sempre produtivo unificar ao conteúdo de negócio as considerações sobre viabilidade técnica e a prototipação (esta última, se fizer sentido). Fazer a preparação por meio de uma sessão de *Design Thinking* com a participação das pessoas do negócio e das pessoas de soluções é uma prática a ser buscada para que todo o time fique na mesma página quanto ao entendimento do que será feito e por que é importante. Assim, como artefatos principais haverá a "visão do produto" e um *backlog* de épicos e *features* priorizado no *roadmap*.

Marco 5: período para realização pessoal

Em 2018 me afastei do trabalho para cuidar de uma gestação de risco. Nesta fase precisei desenvolver inteligência emocional para manter firme o propósito. Com resiliência e muito amor, o resultado foi receber em meus braços o que mais amo e priorizo.

Marco 6: oportunidades e aprendizados

Em 2019 passei a atuar como *Product Manager* (PM), focando em atividades estratégicas e utilizando métricas para comprovar através de dados os impactos causados no produto. O grande impacto dessa fase foi trabalhar no modelo remoto, pois a pandemia inviabilizou o formato presencial. Essa modalidade de trabalho abriu portas para o aceite de oportunidades em outras empresas. Aproveito para compartilhar alguns aprendizados obtidos nos primeiros 90 dias de atuação e perspectivas de futuro:

1. **Conhecer a empresa e a equipe:** escutar, perceber e conhecer o ambiente, a cultura e as pessoas com quem terá contato. Assim, as chances de conquistar relacionamentos com respeito e confiança são grandes.
2. **Construir confiança com a gestão:** alinhar expectativas desde os primeiros dias permite que o foco seja nas entregas que serão avaliadas e garante a passagem pelo período de experiência, evitando desgastes.
3. **Gerar resultados:** nos primeiros 90 dias é necessário fazer entregas menores, mas relevantes. Desse modo, as pessoas tendem a confiar e acreditar no seu potencial. O ideal é evitar entrar em qualquer conflito, fazendo uso da inteligência emocional. Se mesmo com esses cuidados ficar alguma situação pendente de solução, é importante alinhar com sua gestão o que pode ser melhorado.
4. **Identificar pontos a serem desenvolvidos:** a essa altura, já saberá como a empresa funciona e como as pessoas se comportam. Caso a gestão não tenha dado *feedback* sobre seu período de experiência, é saudável pedir um, pois servirá de base para criar seu plano de desenvolvimento profissional na empresa. Se o plano traçado fizer sentido para a sua evolução profissional, então faz todo sentido continuar se desenvolvendo nessa empresa. Caso não faça sentido, é preciso analisar cuidadosamente e propor novos planos. Lembrando que todas as empresas possuem problemas e não existe um ambiente perfeito.

Encarando o *layoff*

Vivenciei o *layoff* e busquei tirar proveito desse momento e refletir sobre o que fazer para voltar ao mercado de trabalho. Então compartilho as ações que foram efetivas.

- ✓ **Contratei mentorias:**
  - **A primeira foi sobre carreira:** buscando autoconhecimento e planos de recolocação.
    - ◊ **Entendendo meu perfil:** aplicação de testes e reflexões.
    - ◊ **Estudando o mercado:** buscando empresas aderentes ao meu perfil.
    - ◊ **Treinando entrevistas:** fazendo simulados e participando de entrevistas reais.
    - ◊ **Aceitando a proposta:** observando conteúdo de LinkedIn, Glassdoor e Reclame Aqui.

    - **A segunda foi sobre a área de produtos:** voltada para a área de produtos, revendo temas e explorando pontos que anotei de *feedbacks* recebidos.
- ✓ **Conclusão de cursos:** consegui concluir cursos que estavam pendentes na área de produtos.
- ✓ **Descanso e *hobbies*:** retomei atividades que gosto de fazer e que estavam sem priorização. Isso reduziu muito a ansiedade.

Pensar nessas ações me fez ver o *layoff* de forma menos traumática. Isso me trouxe bastante segurança para assumir novos desafios. Além, claro, de ter tido a oportunidade de me conhecer um pouco mais como profissional, mãe e pessoa.

Conclusão

Para fazer a transição da carreira, foi necessário desenvolver *hard skills* que abrissem as portas para a área de produtos. Já para se manter nessa carreira, a necessidade é de constante desenvolvimento e aplicação de *soft skills*, pois cada empresa, negócio e pessoa pode exigir de nós comportamentos que dominamos e outros que ainda precisam ser analisados com mais atenção. Lembrando que somos responsáveis por todo o resultado que colhemos, pois toda decisão que tomamos na vida profissional nos trará ganhos e perdas. A grande questão é: independentemente do grau da sua inteligência emocional, você está preparado para construir, reconstruir e recomeçar? Se sim, nada mais poderá impedi-lo de realizar suas metas profissionais e de ser uma pessoa gentil e feliz com sua própria trajetória.

31. Como transitei de *Product Owner* para *Data Product Manager*

Carla Ezaki

Ao longo da minha carreira já transitei por várias áreas da tecnologia e vivenciei muitas mudanças, desde formas de trabalho até ferramentas. Todas essas experiências e flutuações me deram muita bagagem para a minha atuação como *Product Manager*, pois hoje consigo entender por vários prismas, desde a dor do cliente até a felicidade de uma entrega bem-sucedida.

Bom, tenho uma história de mais de 15 anos de experiência, com formação técnica em Sistemas de Informação. Fui professora de desenvolvimento de software pelo SENAI e atuei com suporte técnico e desenvolvimento de software.

Uma coisa que sempre foi uma verdade para mim é que conhecimento não ocupa espaço, portanto aprendi tudo que podia. Foi com esse pensamento que, mesmo trabalhando como desenvolvedora de software *backend*, busquei aprender sobre gestão de projetos e metodologias ágeis. Na época não se falava em gestão de produtos. Esse conhecimento, somado à minha experiência na comunicação com clientes, me permitiu ajudar os colegas em casos de férias, por exemplo. E foi em um período de férias do *Product Owner* do meu *squad* que eu tive a primeira experiência: assumi interinamente. Como o colega acabou se desligando da empresa, foi a minha oportunidade e continuei na posição.

Como era de se esperar em uma nova posição sem a devida preparação, cometi muitos erros. Mas aprendi muito sobre gestão de produtos e como poderia gerar mais valor para o meu cliente.

Como de costume na minha carreira, geralmente assumo desafios ainda que eu não esteja cem por cento preparada. Pude utilizar o meu aprendizado do primeiro desafio como *Product Owner* como trampolim para o meu novo desafio no mundo de dados.

Quando assumi a primeira posição de *Data Product Manager* eu não tinha nenhum conhecimento de *big data*, engenharia de dados, ciência de dados ou análise de dados, mas eu conhecia desenvolvimento de software, plataformas técnicas, gestão de produtos, métodos ágeis – *skills* imprescindíveis para assumir a posição. Já as *skills* de dados eu poderia desenvolver após assumir.

Quando me tornei *Data Product Manager* iniciei meus estudos específicos e me aproximei dos engenheiros de dados, cientistas e desenvolvedores para entender como tudo funcionava. Li vários livros da área e recentemente iniciei um MBA de *big data* e inteligência competitiva.

Não precisamos ser desenvolvedores ou engenheiros de dados para atuar na área de *Data Product Manager*, porém todo conhecimento e experiência prévia formam nosso *background*, o qual é utilizado para alimentar a inteligência coletiva, que, junto com o time, ajuda a criar ótimos produtos de dados de alto valor para os nossos clientes.

Estou longe de ser uma grande especialista em *Data Product Manager*, mas sigo nesse caminho aprendendo mais e mais a cada dia!

Referências bibliográficas

3PM3. Site. Disponível em: <https://www.cursospm3.com.br/>. Acesso em: 05 dez. 2023.

AGILE SCHOOL. **Entenda a diferença entre Product Owner e Product Manager.** Disponível em: <https://agileschool.com.br/entenda-a-diferenca-entre-product-owner-e-product-manager/>. Acesso em: 04 dez. 2023.

AGILE TRENDS. **Certificações agile.** Disponível em: <https://agiletrendsbr.com/certificacoes-agile/>. Acesso em: 05 dez. 2023.

AGUIAR, F.; CAROLI, P. **Product Backlog Building:** um guia prático para criação e refinamento de backlog para produtos de sucesso. São Paulo: Caroli, 2021.

AHMAD, M. O.; MARKKULA, J.; OIVO, M. Kanban in software development: A systematic literature review. *In*: **39th EUROMICRO Conference on Software Engineering and Advanced Applications (SEAA)**, IEEE, 2013, p. 9-16.

ALBRECHT, K. **Inteligência Social:** além do QI, além da inteligência emocional, aplicando a teoria da inteligência múltipla na interação humana. São Paulo: M.Books, 2006.

AMBLER, S. W. **Modelagem Ágil:** práticas eficazes para a Programação eXtrema e o Processo Unificado. Porto Alegre: Bookman, 2003.

ANON, J.; VILLAUMBROSIA, C. G. **The Product Book:** how to become a great product manager. 2nd.ed. [S.l.]: Product School, 2017. Disponível em: <https://assets.productschool.com/wp-content/uploads/2019/06/06073944/The_Product_Book_2nd_Edition.pdf>. Acesso em: 05 dez. 2023.

AWARI. **Formação em Produto.** Disponível em: <https://awari.com.br/carreira/product-manager>. Acesso em: 05 dez. 2023.

BARBOSA, A.; ARAUJO, M. **A Essência do Agile Leader.** [S.l.]: Agile Institute Brasil, 2020.

BASTOS, A. Upskilling e Reskilling: o que é, qual a Diferença entre eles e a Importância para as Empresas. **Alura**, 17 fev. 2022. Atualizado em 25 ago. 2023. Disponível em: <https://www.alura.com.br/empresas/artigos/reskilling-e-upskilling>. Acesso em: 05 dez. 2023.

BATAGINI, R. Upstream e downstream no Kanban. **Medium**, 03.abr. 2019. Disponível em: <https://medium.com/@raphaelbatagini/upstream-e-downstream-no-kanban-d0d02c56f6b6> Acesso em: 05 dez. 2023.

BIRD, J.; GORNALL, S. **The Art of Coaching:** a handbook of tips and tools. New York, NY: Routledge, 2015

BONATTI, C. Posicionamento profissional no novo emprego: dicas simples. **Notícias Concursos**, 28 abr. 2022. Disponível em: <https://noticiasconcursos.com.br/posicionamento-profissional-no-novo-emprego/>. Acesso em: 30 de agosto de 2022.

BRAIKER, H. **A síndrome da boazinha:** como curar sua compulsão por agradar. Rio de Janeiro: BestSeller, 2012.

BROWN, B. **A coragem de ser imperfeito:** como aceitar a própria vulnerabilidade, vencer a vergonha e ousar ser quem você é. Rio de Janeiro: Sextante, 2016.

BROWN, T. **Design Thinking:** uma metodologia poderosa para decretar o fim das velhas ideias. Rio de Janeiro: Alta Books, 2020.

CAGAN, M. **Inspirado:** como criar produtos de tecnologia que os clientes amam. Rio de Janeiro: Alta Books, 2021.

CAIRES, L. 6 lições de vida de Bill Gates para mudar a sua vida. **LinkedIn**, 29 out. 2020. Disponível em: <https://www.linkedin.com/pulse/6-li%C3%A7%C3%B5es-de-vida-bill-gates-para-mudar-sua-lorrayne-caires/?originalSubdomain=pt>. Acesso em: 05 dez. 2023.

CARNEGIE, D. **Como fazer amigos e influenciar pessoas.** 52.ed. São Paulo: Companhia Editora Nacional, 1995.

CARVALHO, H. O que o PM deve fazer nos primeiros 90 dias de empresa. **Vida de Produto**, 2021. Disponível em: <https://vidadeproduto.com.br/pm-fazer-90-dias-de-empresa/>. Acesso em: 05 dez. 2023.

CLEMENTE, I. **Geometria Fractal.** InfoEscola, s.d. Disponível em: <https://www.infoescola.com/matematica/geometria-fractal/>. Acesso em: 05 dez. 2023.

CLIFTON, D.; RATH, T. **Descubra seus pontos fortes 2.0:** Strenghsfinder 2.0. Trad. Livia de Almeida. Rio de Janeiro: Sextante, 2019.

COLE, R.; SCOTCHER, E. **Brilliant Agile Project Management:** a practical guide to using Agile, Scrum and Kanban. Harlow: Pearson Education, 2015.

COLUMBIA BUSINESS SCHOOL. Site. Disponível em: <https://home.gsb.columbia.edu/>. Acesso em: 05 dez. 2023.

COUTO, H. **O Espelho e o Emprego.** Post no Facebook. 24 fev. 2015. Disponível em: <https://www.facebook.com/heliocouto/photos/o-espelho-e-o-empregouma-cliente-desempregada-a-mais-de-um-ano-veio-fazer-sua-co/802473919839343/>. Acesso em: 05 dez. 2023.

CUDDY, A. **O poder da presença:** como a linguagem corporal pode ajudar você a aumentar sua autoconfiança. Rio de Janeiro: Sextante, 2016.

D'AVILLAR, P. Frameworks: você sabe o que são? E para que serve? **DNC**, 26 ago. 2019. Disponível em: <https://www.escoladnc.com.br/blog/projetos/o-que-sao-frameworks/>. Acesso em: 04 dez. 2023.

DE LIMA, A. V.; PAES, A. C. S. dos; DE SOUZA, M. L. P. Transição do método Scrum para Scrumban como apoio ao trabalho virtual. *In*: **13º Congresso Brasileiro de Inovação e Desenvolvimento de Produto**, São Carlos, SP: USP, 2021, p. 1-12.

DEHGHANI, Z. **Data Mesh:** delivering data-driven value at scale. Sebastopol, CA: O'Reilly Media, 2022.

DISPENZA, J. **Quebrando o hábito de ser você mesmo:** como reconstruir sua mente e criar um novo eu. Trad. C. Paschoa. [S.l.]: Citadel, 2018.

DORNELAS, A. G. Fundamentos de Product Management. **Blog PM3**, 05 jun. 2019. Disponível em: <https://www.cursospm3.com.br/blog/fundamentos-product-management/>. Acesso em: 04 dez. 2023.

DRUCKER, P. Managing for Business Effectiveness. **Harvard Business Review**, May 1963.

DUHIGG, C. **O poder do hábito.** Rio de Janeiro: Objetiva, 2012.

DUTRA, M. **Os quatro tipos de Product Manager.** LinkedIn, 03 set. 2019. Disponível em: <https://www.linkedin.com/pulse/os-4-tipos-de-product-manager-marcelo-dutra/?originalSubdomain=pt>. Acesso em: 05 dez. 2023.

EDUCA MAIS BRASIL. **Brasil tem 1% da população fluente em inglês.** 17 jun. 2022. Atualizado em 19 jun. 2022. Disponível em: <https://www.educamaisbrasil.com.br/educacao/noticias/brasil-tem-1-da-populacao-fluente-em-ingles>. Acesso em: 05 dez. 2023.

EQUIPE DO GLASSDOR. Propósito é o principal motivo para brasileiros trocarem de emprego. **Glassdoor**, 04 jul. 2019. Disponível em: <https://www.glassdoor.com.br/blog/proposito-e-o-principal-motivo-para-brasileiros-trocarem-de-emprego/>. Acesso em: 04 dez. 2023.

EQUIPE PM3. CPO: o que faz a pessoa Chief Product Officer? **PM3 Blog**, 26 jul. 2022. Disponível em: <https://www.cursospm3.com.br/blog/cpo-chief-product-officer-o-que-faz/>. Acesso em: 05 dez. 2023.

FERREIRA, K. Visão estratégica de negócios: A skill essencial para a liderança de produto. **Tera Blog**, s.d. Disponível em: <https://blog.somostera.com/product-management/visao-estrategica-negocio>. Acesso em: 04 dez. 2023.

FIA. PMBOK 7: princípios, mudanças e como ficam as certificações. **FIA Business School**, 17 jan. 2022. Disponível em: <https://fia.com.br/blog/pmbok/>. Acesso em: 05 dez. 2023.

FRANKLINCOVEY. **Expectativas profissionais: saiba como definir as suas!** Disponível em: <https://franklincovey.com.br/blog/expectativas-profissionais/>. Acesso em: 05 dez. 2023.

GLASSDOOR. Site. Disponível em: <https://www.glassdoor.com.br/Vaga/index.htm>. Acesso em: 05 dez. 2023.

GODDARD, N. **O Despertar da Consciência.** [S.l.]: Universo Livros, 2018.

GOLEMAN, D. **Inteligência emocional.** 2.ed. Rio de Janeiro: Objetiva, 2012.

GOMES, A. F. **Agile:** desenvolvimento de software com entregas frequentes e foco no valor do negócio. São Paulo: Casa do Código, 2013.

GOMES, G. Alinhamento de expectativas: entenda a importância e conheça o passo a passo. **Agendor Blog**, s.d. Disponível em: <https://www.agendor.com.br/blog/alinhamento-de-expectativas>. Acesso em: 05 dez. 2023.

GUIMARÃES, B. Descrição de cargos: o que é, exemplos e como fazer. **Gupy Blog**, 10 jul. 2023. Disponível em: <https://www.gupy.io/blog/descricao-de-cargos>. Acesso em: 05 dez. 2023.

GUPY. Power Skills: conceito e como desenvolvê-las. Veja aqui! **Gupy Blog**, 28 jul. 2023. Disponível em: <https://www.gupy.io/blog/power-skills>. Acesso em: 05 dez. 2023.

HAAFF, B. de. The Product Manager vs. Product Owner. **Aha! Blog**, Nov. 03, 2020. Disponível em: <https://www.aha.io/blog/the-product-manager-vs-product-owner>. Acesso em: 05 dez. 2023.

HARARI, Y. **21 lições para o século 21.** São Paulo: Companhia das Letras, 2018.

HILL, N. **Mais esperto que o Diabo:** o mistério revelado da liberdade e do sucesso. [S.l.]: Citadel, 2014.

HILL, N.; STONE, W. C. **Atitude mental positiva.** Trad. L. Brito. [S.l.]: Citadel, 2014.

IBGE. **Desemprego.** 2023. Disponível em: <https://www.ibge.gov.br/explica/desemprego.php>. Acesso em: 05 dez. 2023.

IVONIKA, A. Gerente de Produto Associado (APM): o que é, como se tornar um e empresas que contratam. **Product Oversee**, 28 abr. 2021. Disponível em: <https://productoversee.com/gerente-de-produto-associado-apm-o-que-e-como-se-tornar-um-e-empresas-que-contratam/>. Acesso em: 04 dez. 2023.

JANSE, N. Why the PM and the PO should be the same person. **Delibr blog**, Dec. 07, 2021. Disponível em: <https://www.delibr.com/post/product-manager-vs-product-owner>. Acesso em: 05 dez. 2023.

K21 ADMIN. O que é Agilidade? **K21**, 10 set. 2021. Disponível em: <https://k21.global/br/blog/o-que-e-agilidade>. Acesso em: 04 dez. 2023.

LEME, R. **Seleção e Entrevista por Competências com Inventário Comportamental:** guia prático do processo seletivo para redução da subjetividade e eficácia na seleção. Rio de Janeiro: Qualitymark, 2012.

MANFREDINI, B. Mudança de carreira dentro da empresa pode garantir emprego; entenda. **iG**, 10 maio 2019. Disponível em: <https://economia.ig.com.br/carreiras/2019-05-10/mudanca-de-carreira-dentro-da-empresa-pode-garantir-emprego-entenda.html>. Acesso em: 05 dez. 2023.

MARQUES, J. R. **Vida com propósito.** Goiânia: IBC, 2018.

MARTINS, H. *et al.* Transformações digitais no Brasil: insights sobre o nível de maturidade digital das empresas no país. **McKinsey & Company**, s.d. Disponível em: <https://www.mckinsey.com/br/our-insights/transformacoes-digitais-no-brasil>. Acesso em: 04 dez. 2023.

MULCAHY, R. **Preparatório para o exame de PMP®**. 7.ed. [s.l.]: RMC Publications, 2011.

MULLANE, P. Você é curioso? Curiosidade é uma soft skill essencial para sua carreira. **Forbes**, 21 jan. 2023. Disponível em: https://forbes.com.br/carreira/2023/01/voce-e-curioso-curiosidade-e-uma-soft-skill-essencial-para-sua-carreira/. Acesso em: 18 jul. 2023.

MUNIZ, A. **Antifrágil 10X:** unindo pessoas e tecnologia para multiplicar resultado$. Rio de Janeiro: Brasport, 2023.

MUNIZ, A. *et al.* **Jornada Ágil do Produto:** unindo práticas e frameworks para capacitar Donos do Produto (Product Owners) e Gerentes de Produtos (Product Managers) com foco no fluxo de valor entregue ao cliente. Rio de Janeiro: Brasport, 2020.

MUNIZ, A. *et al.* **Jornada OKR na prática:** unindo práticas e experiências que potencializam resultados. Rio de Janeiro: Brasport, 2022.

MUNIZ, A. *et al.* **Jornada RPA e Hiperautomação:** como acelerar a transformação digital somando tecnologia e processos inteligentes. Rio de Janeiro: Brasport, 2022.

NASCIMENTO, M. 5 passos para iniciar como Product Owner em uma nova equipe. **Jota**, 04 jan. 2021. Disponível em: <https://www.jota.info/blog/5-passos-para-iniciar-como-product-owner-em-uma-nova-equipe-04012021>. Acesso em: 05 dez. 2023.

NEDELKOSKA, L.; QUINTINI, G. Automation, skills use and training. **OECD Social, Employment and Migration Working Papers**, n. 202, OECD Publishing, 2018. Disponível em: <https://ideas.repec.org/p/oec/elsaab/202-en.html>. Acesso em: 04 dez. 2023.

OFFICE FISCAL. **Resiliente igual Walt Disney.** Disponível em: <https://officefiscal.com.br/resiliente-igual-walt-disney>. Acesso em: 05 dez. 2023

OPUS SOFTWARE. **Product Owner – Quais são suas principais responsabilidades?** 14 jun. 2018. Disponível em: <https://www.opus-software.com.br/product-owner-responsabilidades/>. Acesso em: 05 dez. 2023.

OSMAN, M. Estatísticas e Fatos do LinkedIn (2023). **Kinsta**, 22 ago. 2023. Disponível em: <https://kinsta.com/pt/blog/estatisticas-e-fatos-do-linkedin/>. Acesso em: 05 dez. 2023.

PENDO. **The Rise of ProductOps.** E-book. Disponível em: <https://www.pendo.io/resources/the-rise-of-product-ops-ebook/>. Acesso em: 04 dez. 2023.

PERRI, M. A ciência da gestão de produtos. Trad. Leonardo Eloi. **Product Guru's**, Medium, Aug. 23, 2021. Disponível em: <https://medium.com/product-gurus/a-ci%C3%AAncia-da-gest%C3%A3o-de-produto-ce77ab2d32f1>. Acesso em04 dez. 2023.

PMI. **Guia PMBOK:** um guia do conhecimento em gerenciamento de projetos. 6.ed. Newtown Square, PA: Project Management Institute, 2018.

PROCTOR, B.; REID, G. S. **Penso e acontece:** o poder de transformar as suas ideias em realidade. Trad. A. P. Silveira. Cidade: Citadel, 2018.

PROJETO VIVER BEM. **Relações interpessoais e qualidade de vida no trabalho.** Unesp, s.d. Disponível em: <https://www.foar.unesp.br/Home/projetoviverbem/relacoes-interpessoais-e-qualidade-de-vida-no-trabalho.pdf>. Acesso em: 05 dez. 2023.

RABINOVICI, M. "Somos a geração da transição", diz Rosental. **Portal Imprensa**, 03 jan. 2022. Disponível em: <https://portalimprensa.com.br/noticias/ultimas_noticias/84759/somos+a+geracao+da+transicao+diz+rosental>. Acesso em: 05 dez. 2023.

RAMIREZ, G. Síndrome do impostor: o que é, sintomas e como tratar. **Tua Saúde**, jul. 2023. Disponível em: <https://www.tuasaude.com/sindrome-do-impostor/>. Acesso em: 04 dez. 2023

REDAÇÃO NA PRÁTICA. Síndrome do impostor: o que é e como pode atrapalhar profissionais a se desenvolverem na carreira. **Na Prática**, 17 maio 2023. Disponível em: <https://www.napratica.org.br/o-que-e-sindrome-do-impostor/>. Acesso em: 04 dez. 2023.

REDAÇÃO NUBANK. O que é Product Operations no Nubank? **Nubank**, 13 set. 2022. Disponível em: <https://blog.nubank.com.br/o-que-e-product-operations/>. Acesso em: 04 dez. 2023.

REHKOPF, M. Gerenciamento de produto ágil. **Atlassian**, s.d. Disponível em: <https://www.atlassian.com/br/agile/product-management>. Acesso em: 04 dez. 2023.

RENNÓ, K. 7 conselhos sobre o que fazer nos primeiros 90 dias como Associate Product Manager (APM). **PM3 Blog**, 30 set. 2021. Disponível em: <https://www.cursospm3.com.br/blog/7-conselhos-sobre-o-que-fazer-nos-90-primeiros-dias-como-associate-product-manager/>. Acesso em: 05 dez. 2023.

RENNÓ, K. O que faz uma pessoa APM – Associate Product Manager? **PM3**, 05 nov. 2021. Disponível em: <https://www.cursospm3.com.br/blog/o-que-faz-a-pessoa-associate-product-manager/>. Acesso em: 04 dez. 2023.

REZ, R. **Marketing de Conteúdo:** a moeda do século XXI. 6.ed. São Paulo: DVS, 2016.

ROSNER, S. **O ciclo da autossabotagem.** Rio de Janeiro: BestSeller, 2009.

SANTANA, M. Primeiros 30 dias como Product Manager: o que fazer? **PM3 Blog**, 27 abr. 2021. Disponível em: <https://www.cursospm3.com.br/blog/primeiro-mes-como-product-manager-em-uma-empresa-o-que-fazer/>. Acesso em: 05 dez. 2023.

SAVAL, D. **50 lições para você compreender e eliminar as suas crenças limitantes:** mude a sua forma de pensar e transforme a sua realidade. (Coleção Crescer e Transcender). Kindle Edition, 2020.

SCHWABER, K.; SUTHERLAND, J. **O Guia do Scrum:** o guia definitivo para o Scrum – as regras do jogo. Nov. 2020. Disponível em: <https://scrumguides.org/docs/scrumguide/v2020/2020-Scrum-Guide-Portuguese-European.pdf>. Acesso em: 04 dez. 2023.

SCRUM ALLIANCE. **Skills You Need to Be a Great Product Owner.** Disponível em: <https://resources.scrumalliance.org/Article/7-skills-need-great-product-owner>. Acesso em: 05 dez. 2023.

SELIGMAN, M. E. P. **Florescer:** uma nova e visionária interpretação da felicidade e do bem-estar. Rio de Janeiro: Objetiva, 2011.

SINEK, S. **Comece pelo porquê:** como grandes líderes inspiram pessoas e equipes a agir. Rio de Janeiro: Sextante, 2018.

SINEK, S.; MEAD, D.; DOCKER, P. **Encontre seu porquê:** um guia prático para descobrir o seu propósito e da sua equipe. Trad. M. Schild. Rio de Janeiro: Sextante, 2018.

SOUTO, R. Os quatro pilares contemporâneos da gestão de carreira. **Valor**, 11 dez. 2014. Disponível em: <https://valor.globo.com/carreira/recursos-humanos/coluna/os-quatro-pilares-contemporaneos-da-gestao-de-carreira.ghtml>. Acesso em: 21 dez. 2023.

STRÜBBE, S. 5 dicas de como se posicionar no mercado de trabalho. **Administradores.com**, 28 jul. 2017. Disponível em: <https://administradores.com.br/noticias/5-dicas-de-como-se-posicionar-no-mercado-de-trabalho>. Acesso em: 04 dez. 2023.

TALEB, N. N. **Antifrágil (Nova edição):** coisas que se beneficiam com o caos. Trad. R. Marques. Rio de Janeiro: Objetiva, 2020.

TORRES, J. Carreira de gestão de produtos. **Medium**, 04 fev. 2021. Disponível em: <https://jocatorres.medium.com/carreira-de-gest%C3%A3o-de-produtos-9a4b171ade90>. Acesso em: 05 dez. 2023.

TORRES, J. **Gestão de produtos:** como aumentar as chances de sucesso do seu software. 3.ed. São Paulo: Casa do Código, 2015.

UNIVERSIDADE VEIGA DE ALMEIDA. "Resolvedores": perfil que o mercado de trabalho quer. **O Globo**, Guia Enem, 23 jan. 2018. Atualizado em 24 jan. 2018. Disponível em: <https://oglobo.globo.com/brasil/educacao/guiaenem/resolvedores-perfil-que-mercado-de-trabalho-quer-22325003>. Acesso em: 04 dez. 2023.

VARGAS, R. V. **Gerenciamento de Projetos:** estabelecendo diferenciais competitivos. 9.ed. Rio de Janeiro: Brasport, 2018.

WORLD ECONOMIC FORUM. **Future of Jobs Report 2023:** Up to a Quarter of Jobs Expected to Change in Next Five Years. 2023. Disponível em: <https://www.weforum.org/press/2023/04/future-of-jobs-report-2023-up-to-a-quarter-of-jobs-expected-to-change-in-next-five-years>. Acesso em: 05 dez. 2023.

ZACHARY, L. J. **The Mentor's Guide**: facilitating effective learning relationships. San Francisco, CA: Jossey-Bass, 2013.

Dedicatória e agradecimentos

Dedico mais um livro colaborativo aos amores da minha vida: meus filhos Lucas e Luisa e minha esposa Keila. Agradeço a Deus essa nova conquista e parabenizo a liderança do Juarez Barreto e Rafael Bittencourt pela mobilização do time desde os primeiros movimentos do livro, os organizadores Analia, Lúcia, Poliana e todos os coautores pela dedicação e excelência que resultou nesta obra incrível. Agradecimento especial também para Analia, que entrou posteriormente na curadoria e contribuiu fortemente para a concretização do livro. Agradeço a meus familiares, amigos e aos milhares de alunos, leitores e participantes das minhas palestras pela grande receptividade e troca de experiências que me tornam uma pessoa melhor a cada dia.

Antonio Muniz
Fundador da Jornada Colaborativa e CEO Advisor 10X

Apesar de ter entrado neste time "*top* de linha" de curadores só depois, pude participar da revisão estrutural e da curadoria de cada um destes valiosos capítulos. Só tenho a agradecer todo o aprendizado que este livro me trouxe: está uma delícia de ler. Parabéns a todos os curadores e coautores pelo excelente trabalho. Agradeço sempre à minha família. Carolina e Daniela, vocês são meu orgulho, minhas filhas tão amadas, digo e repito: "nós mulheres podemos ser o que quisermos"; por isso dedico este livro a vocês. Aos meus sócios e melhores amigos David Zanetti (que é ainda meu marido e companheiro de vida) e Mariano Montoni (além de melhor amigo é uma fonte de inspiração), à minha mãe Liliana (*in memoriam*), ao meu pai Ricardo, aos meus irmãos Gabriela, Ricardo e Diego, à minha amiga-irmã Roberta, ao meu amigo BFF Fernando Bichara, aos meus sobrinhos Rafaela, Bernardo e Mariana, e às minhas afilhadas, Raquel e Alice: os maiores presentes de Deus na minha vida.

Analia Irigoyen
Organizadora e coautora

Dedico este livro primeiramente a Deus, por me conceder a graça de chegar até este momento e me permitir colaborar na construção desta obra.

Ao grande mestre Antonio Muniz, por ter criado o movimento e a comunidade Jornada Colaborativa, onde podemos imprimir nossas melhores intenções de amor ao próximo e doar todo conhecimento que temos, gerando impacto social sem limites. Obrigado por ter confiado a mim a liderança deste livro.

Ao grande amigo Rafael Ferreira Bittencourt, com quem dividi o papel de líder do livro no momento que mais precisei de apoio, e juntos passamos muitas horas em curadoria para atingir resultados incríveis para os leitores, com uma régua alta de qualidade para que realmente este livro transforme o máximo de vidas.

Ao time de curadoria: Analia, que se juntou a nós com sua ambidestria, Lúcia, com toda sua elegância e sabedoria, e Poliana, com sua motivação e experiência.

Aos queridos coautores, que em sintonia conosco abraçaram o desafio e trouxeram conteúdos práticos do dia a dia, este livro realmente reflete uma mentoria de carreira.

Aos meus amados familiares, que me apoiaram em todos os momentos difíceis: meu pai Carlos, por ter me ensinado sobre a vida, minha mãe Rita, por me ensinar a ser um homem de bem, minha esposa Patrícia, por me apoiar todos os dias, e minhas filhas Sofia e Alice, por serem uma fonte de força para aceitar e superar os desafios da vida.

Colaborar é viver, aprender e empreender!

Juarez Barreto Azevedo
Organizador e coautor

Agradeço em primeiro lugar a Deus, por me conduzir na vida e me fazer chegar a essa experiência tão gratificante da Jornada Colaborativa, uma ação de extrema relevância que tem como base a colaboração e a generosidade.

Agradeço àquele que teve a inspiração e iniciativa de fundar essa Jornada, e compartilhar tanto conhecimento e experiência, abrindo oportunidades de crescimento na carreira de tantas e tantas pessoas, Antonio Muniz. Peço a Deus que o abençoe e o fortaleça para que continue firmemente no seu precioso propósito de vida.

Dedico esta obra aos meus queridos filhos, Daniele, Marcos Vinicius, ao meu genro, Daniel, meu esposo, Edemir, e minha mãe, Gecy, que me apoiam e me incentivam sempre.

Agradeço ao maravilhoso time de curadores, Juarez Barreto Azevedo e Rafael Ferreira Bittencourt, nossos líderes, que nos encorajaram durante todo o processo; Analia, com sua expertise e disposição para aperfeiçoar o trabalho; Poliana, com sua experiência e parceria. Como foi bom trabalhar com vocês!

E agradeço, sem dúvida nenhuma, aos coautores, que foram a essência para o rico conteúdo deste livro, incluindo os *cases* maravilhosos escritos e gravados. Vocês são demais!!!

Lúcia Stela Pessanha Lopes de Souza
Organizadora

"O segredo da vitória consiste em continuar lutando, mesmo quando a batalha parece impossível."

Essa frase representa o nosso time de curadoria. Um time que batalhou arduamente por esse projeto que, não tenho dúvidas, vai mudar a vida de muitos. Curadores, beijos no coração de cada um. Realmente somos vitoriosos.

Dedico tudo a Deus em primeiro lugar, sem ele nada teria sentido. Agradeço demais a minha família por todo suporte durante esse período, a meu pai e minha mãe – saibam que sempre onde estou levo os seus ensinamentos. A meu esposo pela grande paciência e companheirismo. Aos coautores pela parceria – a luz do time de coautores foi a engrenagem para que tudo desse certo. A Juarez e Rafa, pela condução do time – sem vocês nada teria caminhado com essa paixão. A Analia e Lúcia, um grande abraço pela tranquilidade e qualidade do trabalho de vocês. A Muniz, sempre gratidão pela condução desse grande projeto.

Poliana Santana Peixoto
Organizadora

É com imensa alegria e gratidão que expresso meus sinceros agradecimentos a Deus, ao apoio incondicional da minha esposa e aos meus pais, que me incentivaram a explorar o universo da leitura e a compartilhar conhecimento.

Quero estender meu agradecimento ao time de curadores e aos coautores que aceitaram o desafio e persistiram até o final. Cada um de vocês enriqueceu esta obra com seu conhecimento e experiência, evidenciando o poder da colaboração e da determinação de todos.

Sinto-me honrado por ter liderado em conjunto com meu grande amigo Juarez Barreto Azevedo esse intenso desafio. O trabalho conjunto madrugadas adentro, finais de semana e feriados, com o objetivo de elevar o nível de qualidade, resultou em uma obra que esperamos que seja fonte de inspiração e aprendizado.

Rafael Ferreira Bittencourt
Organizador e coautor

Os autores

Analia Irigoyen	Sócia-fundadora da ProMove Soluções (<www.promovesolucoes.com>), mestre em Engenharia de Sistemas e Computação pela UFRJ (2009). Apaixonada por melhoria contínua, aprendizado contínuo e por pessoas. LinkedIn: <https://www.linkedin.com/in/analiairigoyen/>
André Alves de Lima Bueno	Advogado, Gerente de Produtos na Finch Soluções com MBA em Gestão de Negócios. LinkedIn: <https://www.linkedin.com/in/andrébueno-ser-ágil-é-agir>
Annelise Gripp	Consultora de Transformação Digital e *Agile*, Escritora, Docente, Mentora, Palestrante, Instrutora e *Coach* Profissional. LinkedIn: <https://www.linkedin.com/in/annelisegripp>.
Antonio Muniz	CEO e Fundador da Advisor 10X | Curador e Moderador de Eventos | Palestrante e Coordenador de MBAs | Fundador da Jornada Colaborativa | Autor e Curador de 30 livros sobre tecnologia, agilidade, DevOps, SRE, liderança, inovação | Advisor e Board Member | Mentor Carreira 10X. Colaborou com mais de 30 mil pessoas e mais de 100 times em consultorias, mentorias, cursos de MBA, bootcamps, videoaulas, workshops e palestras em empresas líderes de mercado, como SulAmérica, Petrobras, Vivo, Itaú, Oi, Furnas, Eletrobras, Energisa, Via Varejo, DHL, Accenture, Icatu, Banco do Brasil, Banco Safra, Banco PAN, Citibank, Ernst & Young, Finep, Sebrae, UOL, Pagseguro, Makro, Totvs, Jucesp, Ambev Tech, Dafiti, Meta, Banco Carrefour, Prudential etc. Como fundador e headhunter da Jornada Colaborativa, formou novas lideranças, com R$ 523 mil doados para instituições com o lançamento de 37 livros e eventos com empresas amigas. Sua formação tem uma base multidisciplinar em negócios, tecnologia e liderança, com mestrado em administração no Ibmec, MBA em telecomunicações na FGV, graduação em tecnologia na Unigranrio e certificações em agilidade, Lean tecnologia, projetos, processos e serviços. LinkedIn: <https://www.linkedin.com/in/antoniomunizoficial/>
Bento Júnior	Físico, empresário CEO/proprietário da G-CEC, possui certificações PSM 1, *Yellow Belt* e ISO/IEC: 17025. Professor na FANESE e na FANEB, pesquisador, vice-presidente do instituto de pesquisa INTBIO. Além disso, foi coordenador geral da FANEB por sete anos. LinkedIn: <https://www.linkedin.com/in/bentofranciscodossantosjunior/>

Bianca Balbino Amorim	É formada em RH e possui uma década de experiência no mercado de trabalho. Apaixonada por ensinar, já palestrou para mais de mil pessoas em empresas como XP, RH Summit, entre outras, sobre temas como Comunicação, LinkedIn, empregabilidade, entrevista e como se comunicar de forma objetiva. Está na lista dos 50+ *to follow* da Gama Academy e entre as 10 pessoas mais seguidas no LinkedIn da comunidade LGBTQIAPN+. Mentora de pessoas que desejam atuar como *tech recruiter* e presta serviços de consultoria de LinkedIn e currículo. Além disso, possui mais de 98 mil seguidores no LinkedIn, onde compartilha conteúdo diariamente.
Carla Ezaki	Entusiasta de metodologias ágeis e tecnologia, faz uma ponte entre clientes e o time, ajudando-o a entregar o valor que o cliente espera de forma ágil e com qualidade. Atua na área de tecnologia da informação há mais de 10 anos assumindo posição de suporte técnico, desenvolvimento de software, dando aulas em instituições de tecnologia, além de liderança de times em projetos voluntários. LinkedIn: <https://www.linkedin.com/in/carlaezaki/>
Carlos Eduardo Carvalho	Sócio fundador da Bridge & Co. Engenheiro e Mestre pela COPPE/UFRJ, é responsável por projetos de consultoria relacionados à transformação digital de empresas nacionais e internacionais de grande porte. É professor de pós-graduação na UFRJ, com passagens pela FGV, UFJF e INFNET, além de possuir certificados ITIL® Expert, CGEIT e ISO 20000 Auditor. LinkedIn: <https://www.linkedin.com/in/carlosedcarvalho/>
Carlos Eduardo do Nascimento	Mentor| *Agile Coach* | Palestrante | Professor | Escritor | Orientando pessoas para alcançarem alta performance por meio da excelência no simples bem-feito. LinkedIn: <https://www.linkedin.com/in/cadunascimento>
Clayton Soares Sena	Profissional formado em Sistemas de Informação e Pós-Graduado em Gerenciamento de Projetos certificado PMP. Possui experiências sólidas na liderança e no desenvolvimento de produtos digitais e *growth*. Sempre se motivou por desafios com propósito e um local com a cultura organizacional de valorização das pessoas, evolução no aprendizado e com compromisso com nossos clientes. LinkedIn: <http://linkedin.com/in/claytonssena>
Daniélle Pombal	*Coach* no MPRJ e mentora de transição de carreira. Apaixonada por modificar a mentalidade do ser humano e transformar e estimular as pessoas a serem melhores. LinkedIn: <https://www.linkedin.com/in/daniellepombal/>
Djani Dalfovo	Formada em administração, especialista em gestão de projetos com MBA em Tecnologia da Informação, com certificação CSM, *SAFe® Agilist, Agile Expert* e *Kanban Professional*, é *Agile Master* há sete anos em uma empresa de TI e professora universitária na disciplina de agilidade em larga escala. LinkedIn: <https://www.linkedin.com/in/djani-dalfovo-8942b7b7/>
Fabiana Leite	*Agile Coach* com experiência em diferentes segmentos. É mentora ágil de executivos e instrutora de agilistas, escritora, *OKR Coach*, Mestre em Economia, Coordenadora de pós em gerenciamento ágil, palestrante, *case* premiado no AgileTrends. LinkedIn: <https://www.linkedin.com/in/fabiana-leite/>
Francisco Medeiros	Mestrando em Engenharia de Software, com graduação em Sistemas de Informação e pós-graduações em Gestão da Tecnologia da Informação e Engenharia da Produção. Coautor do livro "Jornada OKR na prática". Organizador dos eventos Agile in the Jungle – Scrum Regional Gathering e Manaus Community XP. LinkedIn: <https://www.linkedin.com/in/francisco-medeiros/>

Gabriel Eslava	Ouvindo e resolvendo dores do usuário, sendo nerd nas horas vagas. Formou-se em audiovisual em 2014, atuou por seis anos na área em diversos projetos e setores. *Product Manager.* LinkedIn: <https://www.linkedin.com/in/gabriel-eslava-58597032/>
Gessileia Cyntrão	Graduanda em Ciência de Dados. Trabalha em Tecnologia, na área de *e-commerce* e mídias digitais, com experiência em gestão de projetos e marketing cultural. LinkedIn: <https://www.linkedin.com/in/gessileiademelocyntrao/>
Jordy Zaikoski Gularte	É um grande entusiasta de produtos digitais, da Estratégia ao *Discovery*, da validação de hipóteses à sustentação. Acredita que uma visão holística das áreas e dos negócios nos impulsiona na construção de produtos com maior *fit* para o mercado. Engenheiro de Produção por formação, há mais de três anos atuando com produtos digitais e dados. Dentre outros cursos, já somou uma especialização em Gestão Ágil de Projetos e um MBA em Gestão Ágil de Produtos. LinkedIn: <https://www.linkedin.com/in/ojordy/>
Josineide do Nascimento	É autora e *Agile Master* com formação em Direito. Especialista em resolução de conflitos e metodologias ágeis, ela traz uma perspectiva única e inovadora para sua escrita, fundindo sua expertise em direito com práticas ágeis para abordar temas diversos com clareza e eficiência. LinkedIn: <https://www.linkedin.com/in/josineide-nascimento>
Juarez Barreto Azevedo	Executivo de TI, estrategista de Governança, *Cybersecurity* e Agilidade (PACC-E, C-AGILE.PRO, PSM-I, PSPO-I), formado em Contábeis com Pós em Controladoria, Auditoria e Perícia Contábil. *Coach* e mentor de carreiras, apaixonado por transformar vidas. LinkedIn: <https://www.linkedin.com/in/juarez-barreto-azevedo/>
Júlia Larissa Schultz	Mãe da Angelina, acredita no uso responsável da tecnologia como grande aliada na construção de um futuro melhor para as próximas gerações. Formada em Engenharia de Computação, com MBA em gestão de processos, está sempre buscando conhecimento como forma de obter melhoria contínua. LinkedIn: <https://www.linkedin.com/in/juliasctz/>
Karolliny N. S. Lima	Mãe do José Samuel, apaixonada por produtos, requisitos e agilidade! Formada em Análise e Desenvolvimento de Sistema, mais de 10 anos de experiência na área de análise de requisitos, certificada em CSPO, em *Scrum*, *Kanban*. Reconhecida como Analista do Ano 2022 em Teresina-PI através de pesquisa pública. Atualmente funcionária pública e aprofundando os conhecimentos em inovação e transformação digital. LinkedIn: <https://www.linkedin.com/in/karolliny-lima/>
Lúcia Stela	Consultora em gestão organizacional com ênfase em melhoria de processos, Mestre em Saúde Coletiva, graduada em Saúde Coletiva e Tecnologia em Processamento de Dados. Apaixonada por ajudar pessoas na solução de problemas para fluírem na entrega de valor, especialmente na área da saúde. LinkedIn: <https://www.linkedin.com/in/lucia-stela-lopes/>
Luciano Pinna	Apaixonado por tecnologia, graduado em Sistemas de Informação com MBA em Gerenciamento de Projetos, é instrutor interno do estado da Bahia e tutor virtual das disciplinas de tecnologia nas universidades UNIJORGE (BA) e UVA (RJ). Atua como PO e é um entusiasta de metodologias ágeis e transformação digital. LinkedIn: <https://www.linkedin.com/in/lucianodepinna>

Manuela Vinhas	Mãe de duas princesas, profissional de TI, atuando com Análise de Requisitos e Negócios, formada em Sistemas de Informação com Pós em Tecnologia na Aprendizagem. Apaixonada por tecnologia e em constante aprendizado, valoriza a proatividade, a inovação e o trabalho em equipe. LinkedIn: <https://www.linkedin.com/in/manuela-vinhas-87b6959b/>
Marcia Maximiano	Mestre em Metrologia e Qualidade pelo Inmetro. Graduada em Sistema de Informação. Professora no Senac. Tutora da FGV e CECIERJ. Atuou no Exército Brasileiro e no Corpo de Bombeiros do Rio de Janeiro como Docente e Gerente de Projetos. Possui experiência nas áreas de informática, gestão de projetos, educação e metodologias ágeis. Autora e curadora de livros na Jornada Colaborativa. LinkedIn: <https://www.linkedin.com/in/marciamaximiano>
Margareth Fabiola dos Santos Carneiro	Ex-Diretora do PMI Board internacional, atual Diretora do Agile Alliance Internacional. Mais de 30 anos de experiência em projetos, transita nas abordagens tradicional, ágil e híbrida de projetos. Doutora em Administração, Mestre em TI, autora, professora e servidora pública. LinkedIn: <https://www.linkedin.com/in/margarethcarneiro/>
Maysa Barreto Ornelas	Pedagoga com estudos na área da educação a distância e desenvolvimento humano. Mestre pela Universidade de Brasília (UnB). Atuou como professora, da educação básica ao ensino superior, nas redes pública e privada. É organizadora e coautora de livros. Ocupa função de coordenadora nacional de programa educacional federal. Atua como consultora educacional e palestrante sobre temas relacionados a educação a distância e propósito de vida. LinkedIn: <https://www.linkedin.com/in/maysabarreto>
Natália Soares	Mentora de Negócios no LinkedIn e de RHS, *LinkedIn Top Voice* RH e Mentoria, Professora, Palestrante e Escritora. Apaixonada por compartilhar conhecimento e ajudar pessoas a se tornarem protagonistas em suas vidas e carreiras. Com mais de seis mil profissionais transformados, tornou-se uma das 10 maiores vozes do RH e do LinkedIn no Brasil. LinkedIn: https://www.linkedin.com/in/natalia-soares-mentora/
Patricia Rodrigues Souza	*Product Manager* com 23 anos de experiência na área de TI, formada em Tecnologia em Processamento de Dados, MBA em Gestão de Projetos, Especialista em Engenharia de Software, CSPO, *Management* 3.0, PM3, SMPC, ITIL®. Sua missão é impactar as pessoas com uma cultura de maestria. LinkedIn: <https://www.linkedin.com/in/patricia-rodrigues-productowner/>
Poliana Peixoto	Analista de Sistemas pós-graduada em engenharia de software e residente em engenharia de software governamental. Apaixonada por pessoas, professora e palestrante por amar e compartilhar conhecimento. Atuando como Agilista/ Líder de Projetos no Banco Pan e curadora de livros na Jornada Colaborativa. LinkedIn: <https://www.linkedin.com/in/poliana-peixoto-tecnologia/>
Priscilla Couto	Mentora de Carreira para Mulheres, Palestrante, *LinkedIn Top Voice* Carreira, *HR Influencer*, Professora e Consultora de LinkedIn. Formada em Gestão de RH, com especialização em Gestão de Pessoas e *Coaching*. LinkedIn: <https://www.linkedin.com/in/priscillacouto/>

Rafael Ferreira Bittencourt	Líder de Gestão de Produtos com mais de 18 anos de experiência na área de TI, MBA em Gestão de Projetos pela FGV, graduado em Sistemas de Informação, Formação em Liderança, coautor de livros de *tech*, certificações PSPO, CBPP e *Yellow Belt*. Tutor e Mentor em produtos, apaixonado por ajudar as pessoas a se desenvolverem e entregarem resultados exponenciais. LinkedIn: <https://www.linkedin.com/in/rafaelfbittencourt/>
Ricardo Jesus	Graduado em Administração de Empresas pela Universidade Paulista (UNIP), Gestão da Tecnologia da Informação pela FATEC e MBA em Gestão de Pessoas pela Faculdade Descomplica. Profissional com mais de 15 anos de experiência em gestão de pessoas, otimização de processos, melhoria contínua, redução de custos, operações de *cross docking*, logística e projetos para o setor de *supply chain* em empresas líderes no segmento industrial no mercado global. Coautor voluntário no Projeto Jornada Colaborativa pela editora Brasport. LinkedIn: <https://www.linkedin.com/in/ricardo-jesus-7091b260>
Roberta Kühleis	Mãe da Angélica, gaúcha, entusiasta da tecnologia, formada em Adminstração com especializações em gestão pública, empresarial e de pessoas. Traz na bagagem diferentes atuações e papéis relacionados a produtos, gestão de projetos e gestão de pessoas. Gosta dessa pluralidade de atuações e acredita que essa é a sua riqueza profissional. É apaixonada por criar conexões, apoiar o desenvolvimento de negócios e de pessoas e atualmente é *Senior Manager*, tendo também essa atuação multidisciplinar. LinkedIn: <https://www.linkedin.com/in/robertakuhleis/>
Sabrina Nader	Analista de Qualidade de Software, graduada em Administração de Empresas e Direito, pós-graduada em Gestão Ágil de Projetos e *DevOps*, graduanda em Sistemas de Informação. Apaixonada por tecnologia, possui mais de 10 anos de experiência em Gestão de Projetos tradicionais e projetos ágeis. Professora de MBA, curadora e escritora de livros. LinkedIn: <https://www.linkedin.com/in/sabrina-nader/>
Susana Vieira Farias	Profissional com 12 anos dedicados à gestão de produtos digitais. Pós-graduada em Engenharia de Software e Bacharel em Ciência da Computação. Expertise nos modelos de negócio: B2B, B2C, B2B2C, B2E e B2G. Propósito: facilitar a vida das pessoas, através da informação e empatia. LinkedIn: <https://www.linkedin.com/in/susanavieirafarias/>
Talita Bitencourt	Entusiasta de desafios e comprometida com a constante busca por evolução, é uma *Product Owner* com pós-graduação em Gestão de Produtos, além de possuir um MBA em Gestão Estratégica de Projetos e Metodologias Ágeis. LinkedIn: <https://www.linkedin.com /in/bitencourttalita>
Tamires Teixeira	Psicóloga e Analista de Perfil Comportamental, reconhecida como *Top Voice* 2023 e *Creator* Google, é especialista em desenvolvimento de pessoas. Com mais de 50 profissionais corporativos desenvolvidos, atua como Mentora de Carreira e Facilitadora Corporativa, unindo psicologia comportamental para impulsionar o crescimento individual e organizacional. LinkedIn: <https://www.linkedin.com/in/tamiresteixeiraa/>

Vanêssa Santana	*Agile Leader*, *Head* de Produtos e Professora, pós-graduada em Gestão de Projetos e Gestão de Produtos e que tem como propósito disseminar conhecimento para o maior número de pessoas. LinkedIn: <https://www.linkedin.com/in/vanessa-patricia>
Victoria Knust	Estudante e pesquisadora na área de linguagem e semiótica e gerente de produtos em eterna formação. Graduada em Letras pela UFRJ. LinkedIn: <https://www.linkedin.com/in/victoria-knust>
Wesllen Pereira	*Product Owner* com 23 anos de experiência na área de tecnologia. Formação em engenharia de software e *expert* em ERP, banco de dados e linguagens de programação. Sua missão é transformar a realidade através do conhecimento. LinkedIn: <https://www.linkedin.com/in/wesllenp/>
William Guimarães	Gerente de produtos com mais de 15 anos de experiência. Tutor e mentor na carreira em produtos. CSPO, PMP, *Coach* e pós-graduado em sistema da informação. Apaixonado por aplicar a tecnologia para melhorar a vida das pessoas e por transformação dos negócios. LinkedIn: <https://www.linkedin.com/in/williamguimaraesgp>

Jornada Ágil de Arquitetura

Jornada Transformação Digital no Brasil

Jornada Experiência do Cliente

Jornada RPA e Hiperautomação

Jornada de Inclusão

Jornada da Facilitação

Jornada Microsserviços

Jornada Python

Jornada OKR na prática

Jornada Azure DevOps

Jornada CSC

Jornada RH Ágil

Jornada Colaborativa

Jornada Java

Jornada Kanban na prática

Jornada Business Agility

Jornada do Ágil Escalado

Jornada Ágil de Liderança

Jornada Ágil do Produto

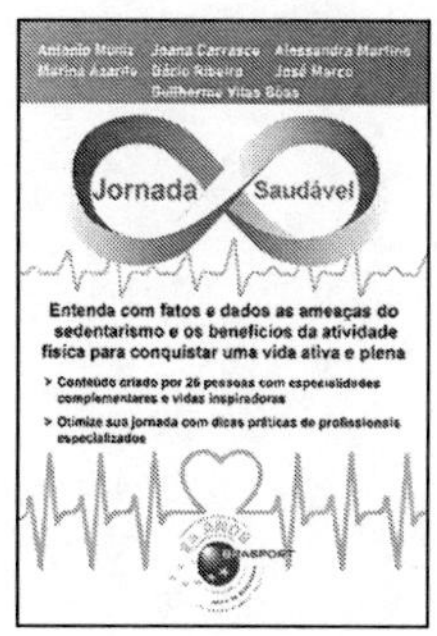

Jornada Saudável

Jornada Ágil de Qualidade

Jornada Ágil e Digital

Jornada DevOps 2ª edição

Impressão e acabamento
psi7 | book7
psi7.com.br book7.com.br